ちくま新書

# やりなおし高校国語

——教科書で論理力・読解力を鍛える

出口 汪
Deguchi Hiroshi

# やりなおし高校国語——教科書で論理力・読解力を鍛える【目次】

＊本書の引用部分は『国語総合』『精選　国語総合　現代文編』『精選　現代文B』『夏目漱石全集8』（いずれも筑摩書房）に準拠しています。

# はじめに

## †国語は生涯役に立つ

高校時代の国語の授業にどのような印象を持っているだろうか？

中にはあまり印象に残らなかった、あるいは、何を学習したのかよく分からないと今でも思っている人もいるのではないか？

そこまでいかなくても、国語の授業で学習したことが、社会人になった今本当に役立っていると実感している人はどれだけいるだろうか？

実は、国語ほど実際に役立つものはないのである。

**おそらくどんな科目よりも、国語で得た学力は生涯役に立つはずである。**それを役立てることができないのは、国語の学習の仕方が間違っていたからである。

あの時、国語の教科書で何を習ったのか、それを懐かしい気持ちで学習し直してほしい。もしかすると、青春時代の甘酸っぱい思い出が蘇ってくるかもしれない。国語の学習をなぜ今役立てることができないのか、その根本原因が見えてくるかもしれない。


実は**高校の国語教科書こそ、名文の宝庫**である。

本書は各教科書で定番となった名文を取り上げ、私が大人になった皆さんに講義し直すといったものである。

何度も繰り返すが、国語ほど役立つ科目はない。**日本語の力を鍛え、読解力や記述力、会話力を身につけ、思考力や感性を磨き上げるのに、これほど適した教材はない**のである。

## †国語が役に立たない原因

国語の教科書には、相反する方向性を持った二種類の教材が掲載されている。

**文章を論理的に読むことにより、考える力をつけるためのものと、人生や世の中の深淵と直に向き合わせるもの**とである。

前者は評論が中心であり、筆者の伝えたいことは何で、それをどのような論理で説明したのかを読み取るものである。そして、文章を論理的に理解したからこそ、そのことへの思考が始まるのである。

後者は答のない深い問題をどこまでも凝視し続けるものであり、文学や哲学、いわゆる西洋でいう教養につながるものである。

**この相反する方向性を持った二つの教材を、教える側も教えられる側も無自覚に同じ国語の教材として扱っている。そこに、国語が役に立たないといった事態の大きな原因があるように思える。**

そこで、本書では各教材の目的を明確にした上で、それに沿って紙上講義をしていこうと思う。

国語の教科書ほど面白いものはない。本書でそれを十分堪能していただければと思う。

## †名作は面白い

それにしても、名作とは何だろうか？

たとえば、源氏物語は一〇〇〇年以上も前の一人の女房が書いたものだが、今でも多くの人たちに読み継がれている。

古典なんて古めかしくて、現代人にとって意味がないものだとうそぶく人がいるかもしれない。だが、名作とはどんな古いものであっても、今でも読み継がれているものをいう。源氏物語が名作なのは、たとえ現代語訳でも今も多くの人たちに読み継がれているからだ。

これについては、時代を超えた普遍的な価値を持った作品であることを、時間が証明してくれているとも言える。だから、現代人にとって、それは十分に読む価値があるのだ。

今のベストセラー小説の中で、一〇〇年後も読み継がれている作品が果たしてどれだけあるだろう。

名作とは誰が読んでも面白いものなのだ。そして、何か心の奥深いところで、人に深い感銘を与えるものなのである。

**それが面白くないのは、単に作品を読めていないだけである。**

国語の教科書はそうした名作の宝庫である。

実は、一つ付け加えたいことがある。

改めて国語の教科書を読み返してみたのだが、採用された文章はどれも名文だと思った。

しかし含蓄がありすぎて、逆に高校生では消化不良を起こしてしまうのではないか。

つまり、**これらの名文は経験を積んだ社会人がもう一度学習して、初めてその深さ、面白さに気づくものばかり**なのである。

## †「近代」という視点

「近代の終焉」という言葉がある。

明治以降、近代化が過度に邁進され、その結果、生産力が飛躍的に拡大したが、その一方、環境が破壊され、核が世界中を不安に陥れ、人々の精神が荒廃した。

近代化、西洋化があらゆる場面で行き詰まったのが、近代の終焉を迎えた、この現代という時代なのだ。

**現代という時代を考察するには、この「近代」というキーワードが欠かせないのではないか。**

そこで、本書は「近代」に焦点を当て、鷗外、漱石、そして、葉山嘉樹や中原中也を読み解こうと試みた。

そのことで国語の教科書が雑多な文章の寄せ集めではなくなり、その中に一つの大きな物語ができあがる。

鷗外の「舞姫」はまさに日本が近代国家の道を歩み始めたが故の悲劇である。近代化が花開いた大正初期、漱石は「こころ」で、自我の確立に苦しんだ近代人の孤独を凝視した。そして、昭和初期、葉山嘉樹はプロレタリア文学運動に身を投じ、中原中也は忍び寄る戦争の影にひとりぼっちの闘いを挑んだ。

こうした物語を国語の教科書に持ち込むことによって、教科書を読む楽しさを実感できるに違いない。

## †現代を様々な角度から捉える

一方、評論に目を向けると、現代のありようが様々な角度から浮きぼりにされてくる。山崎正和「水の東西」では日本文化の特質を読み取ることが、詩人である清岡卓行の「失われた両腕」では芸術の本質を捉えることができる。

また丸山眞男「「である」ことと「する」こと」では、近代的精神のダイナミズムとその後の現代における混乱に、小林秀雄「無常ということ」では、合理主義では解釈できない歴史の美しさに触れることができるのである。

# 一学期

# 「論理」の基本を身につける

山崎正和「水の東西」
清岡卓行「失われた両腕」
森鷗外「舞姫」

# 第一講　山崎正和「水の東西」

## ――「イコールの関係」「対立関係」の論理を習得する

山崎正和（やまざき・まさかず）一九三四〜

劇作家、評論家。京都大学文学部卒業、同大学院美学美術史学専攻博士課程修了。コロンビア大学客員教授、関西大学教授、大阪大学教授などを歴任。戯曲に「世阿弥」「実朝出帆」「オイディプス昇天」など、著書に『柔らかい個人主義の誕生』『社交する人間』（ともに中公文庫）などがある。本作「水の東西」は『混沌からの表現』（ちくま学芸文庫）に収録されている。

「目標」

① 「イコールの関係」「対立関係」という論理の基本を習得する。

② 日本文化について理解を深める。

## †一学期の概要

一学期は、初めに短めの評論「水の東西」、「ミロのヴィーナス」で論理的な読解力を鍛え、後半は「舞姫」で、主人公である太田豊太郎の挫折した自我の問題を取り上げる。その上で、「近代」とは何だったのか、またその延長線上にある現代の危機について認識を深めていく。

まずは山崎正和の「水の東西」。論理の基本となる「イコールの関係」「対立関係」を習得することが第一の目的である。

## †主張と論証

まずは評論の基本である。

筆者が世の中に対して何か主張したいことがあるときに、それを不特定多数の読者に向けて書くのが評論である。

この**「不特定多数」**というのがポイントである。

筆者の主張はしばしば世の中の主張とは異なっている。なぜなら、誰もが思っていることなららば、それはすでに常識であり、わざわざ評論を書いて、世の中に伝えようとする必要などどこにもないからである。

そこで、筆者は自分の主張を不特定多数の読者に向けて書くのだが、彼らは必ずしも筆者と同じ意見を持ってはいないのだから、その時、**論証責任**が生じるのだ。

逆に、読者の側からすると、筆者の立てた筋道、つまり、**論理を追うことによって、正確に筆者の主張を読み取らなければならない**ことになる。

現代文の試験で高得点が獲得できないのは、筆者の立てた筋道を無視して、自分勝手に読み、自分勝手に設問に答えているから、どれほど練習をしたところで、合ったり間違ったりを繰り返すことになるという理由によるものだ。

現代文は論理的思考を試される教科なのに、それと真逆な「センス・感覚の教科」と思い込んでいる人が今でも何と多いことか。

社会人にとって、**論理力はビジネスをする際にも、社会生活を行う際にも、何よりも大切な技術**なのだ。評論文を読む上で、論理を正確に追う訓練は何よりも論理力を習得するのに有効なのである。

## †具体と抽象

評論を読む目的は、筆者の主張をつかみ、その論理構造を理解することにある。

では、どうやって筆者の主張を読み取ればいいのか。

まず、**筆者の主張は抽象的であるということ**である。抽象とは個々具体的なものから、共通性を取り出すことを言う。

たとえば、私が今日カレーを食べるか、ラーメンを食べるかということは、評論のテーマにはなり得ない。それは私個人の問題であり、私が決めればいいことなのだから、他者に向かって論証する必要もない。

だから、筆者の主張はある程度誰にでも関係ある事柄、たとえば、日本文化と西洋文化の違いとか、芸術の普遍性とか、つまり、抽象的なテーマとなる。

ところが、それを**論証するに当たって、筆者は具体例やエピソードなど、具体的なものを取り出してみせなければならない。**

なぜなら、人は抽象的なものではなく、具体的な事例にこそ関心を寄せるものだからである。

例を挙げようか。

「世界が平和であるように」と言ったところで、誰もが異を唱えることはないが、当たり前すぎて、それに心を動かされることはないだろう。「世界のどこかで子どもが殺されている」とあれば、多少心を動かされることがあるかもしれないが、でも、自分には関係のないことと素知らぬ顔をするかもしれない。

だが、自分の愛する家族が誰かに殺されるとしたなら、誰もがとても無関心ではいられないはずである。

つまり、**抽象的であればあるほど、人はそれに関心を持つことはできないが、具体的であればあるほどそれに惹きつけられていくもの**なのだ。

そこで、筆者は抽象的な主張をAとするなら、それを論証するに当たって具体的な事例（A´）を持ち出すことになる。そこには、

A　筆者の主張＝A´　具体例・エピソード・引用

と、「イコールの関係」が成り立っている。

こうした論理を駆使して、人は自分の主張を他者に向かって説明するし、私たちも筆者の立てた筋道＝論理を手がかりに、筆者の主張を正確に読み取ることになる。

では、さっそく「水の東西」を学習することで、論理的な思考を鍛えていくことにしよう。

### †A´から始まる文章

「鹿《しし》おどし」が動いているのを見ると、その愛嬌《あいきょう》のなかに、なんとなく人生のけだるさのようなものを感じることがある。かわいらしい竹のシーソーの一端に水受けがついていて、それに筧《かけい》の水がすこしずつ溜《たま》る。静かに緊張が高まりながら、やがて水受けがいっぱいになると、シーソーはぐらりと傾いて水をこぼす。緊張が一気にとけて水受けが跳ねあがるとき、竹が石をたたいて、こおんと、くぐもった優しい音をたてるのである。

見ていると、単純な、ゆるやかなリズムが、無限にいつまでもくりかえされる。緊張が高まり、それが一気にほどけ、しかし何ごとも起こらない徒労がまた一から始められる。ただ、曇った音響が時を刻んで、庭の静寂と時間の長さをいやがうえにもひきたてるだけである。水の流れなのか、時の流れなのか、「鹿おどし」はわれわれに流れるものを感じさせる。それをせきとめ、刻むことによって、この仕掛けはかえって流れてやまないものの存在を強調しているといえる。

**論理的な読解は抽象か具体か、つまり、Aから始まる文章か、A´から始まる文章かを意識することから始まる。**

もちろん「鹿おどし」の具体例（A´）から始まる。そこで、どこで一般化するのか、Aを意識しながら読んでいくことになる。そういった頭の使い方が、自然と論理力を強化することになるのだ。

「鹿おどし」とは、もともと農業などに被害を与える鳥獣を音で威嚇し、追い払う装置であったが、やがて風流としてその音を楽しむようになり、日本庭園の装飾として設置されるようになったものだ。

ここで意識を「鹿おどし」に置くのではなく、筆者が何を主張しているのか、それを抽象化した箇所を探しながら読んでいかなければならない。

「単純な、ゆるやかなリズムが、無限にいつまでもくりかえされる」とあるが、日本人はその音を楽しむだけではないのだ。

コトンと音がした後、次の音がするまでは静寂が辺りを包み込む。水は流れるものであるが、次に音がするまでは水はためられ、そこでは流れることはない。

「水の流れなのか、時の流れなのか、「鹿おどし」はわれわれに流れるものを感じさせる。それをせきとめ、刻むことによって、この仕掛けはかえって流れてやまないものの存在を強調しているといえる」

私たちは次の音が鳴るまで一定の時間待たなければならないわけだから、「鹿おどし」は時の流れを同時に刻んでいるとも言える。

さて、次の論理展開はどうか。それを予想しながら読むことで、論理的な読解力は強化される。
次はA´→Aという具合に一般化されるのか、A⇔Bという具合に対立関係が来るのか、そのように能動的に頭を働かせていかなければならない。

## †日本と西洋との文化の違い

私はこの「鹿おどし」を、ニューヨークの大きな銀行の待合室で見たことがある。日本の古い文化がいろいろと紹介されるなかで、あの素朴な竹の響きが西洋人の心を魅《ひ》きつけたのかもしれない。だが、ニューヨークの銀行では人々はあまりに忙しすぎて、ひとつの音と次の音との長い間隔を聴くゆとりはなさそうであった。それよりも窓の外に噴きあげる華やかな噴水のほうが、ここでは水の芸術としてあきらかに人々の気持ちをくつろがせていた。

流れる水と、噴きあげる水。

そういえばヨーロッパでもアメリカでも、町の広場にはいたるところにみごとな噴水があった。ちょっと名のある庭園に行けば、噴水はさまざまな趣向を凝らして風景の中心になっている。有名なローマ郊外のエステ家の別荘など、何百という噴水の群れが庭をぎっしりと埋めつくしていた。樹木も草花もここではそえものにすぎず、壮大な水の造型が轟《とどろ》きながら林立しているのに私は息をのんだ。それは揺れ動くバロック彫刻さながらであり、ほとばしるというよりは、音をたてて空間に静止しているように見えた。

---

今度はニューヨークでの話である。

あくまで筆者の主張が日本にある限り、ここでは「対立関係」を意識しなければならない。次には、必ず話が日本に戻ってくるはずである。

西洋人の心を魅きつけるのは、「あの素朴な竹の響き」である。その後、**逆接の「だが」に着目する。逆接が来る場合は、その後に筆者の主張が来る。**

「だが、ニューヨークの銀行では人々はあまりに忙しすぎて、ひとつの音と次の音との長い間隔を聴くゆとりはなさそうであった」

逆に言うと、日本人は音そのものよりも、「ひとつの音と次の音との長い間隔」、つまり「間《ま》」を大切にするのである。

ここに日本と西洋との文化の違いがある。

さらに西洋人は噴水の方が気持ちをくつろがせることができるという。

鹿おどしと噴水、これらが日本と西洋の文化を象徴しているのだ。

「流れる水と、噴きあげる水。」

この一文に、文章の要点が凝縮されている。もちろん、「流れる水」が日本の文化、「噴き上げる水」が西洋の文化の象徴である。

ここまでで論理構造を整理しよう。

このように筆者は、自分の抽象的な主張を読者に理解させるために、自分の体験や具体例を挙げる。だが、そこに目を奪われてはいけない。筆者の主張はあくまでもっと大きなもの、ここでは東西文化の違いなのである。

| | |
|---|---|
| A´　鹿おどし（流れる水）→A　日本の文化（イコールの関係） | |
| ⇔（対立関係） | |
| B´　噴水（噴き上がる水）→B　西洋の文化（イコールの関係） | |

†形を求めない文化

時間的な水と、空間的な水。

そういうことをふと考えさせるほど、日本の伝統のなかに噴水というものは少ない。せせらぎを作り、滝をかけ、池を掘って水を見ることはあれほど好んだ日本人が、噴水の美だけは近代にいたるまで忘れていた。伝統は恐ろしいもので現代の都会でも、日本の噴水はやはり西洋のものほど美しくない。そのせいか東京でも大阪でも、町の広場はどことなく間が抜けて、表情に乏しいのである。

西洋の空気は乾いていて、人々が噴きあげる水を求めたということもあるだろう。ローマ以来の水道の技術が、噴水を発達させるのに有利であったということも考えられる。だが、人工的な滝を作った日本人が、噴水を作らなかった理由は、そういう外面的な事情ばかりではなかったように思われる。日本人にとって水は自然に流れる姿が美しいのであり、圧縮したりねじまげたり、粘土のように造型する対象ではなかったのであろう。

いうまでもなく、水にはそれじたいとして定まったかたちはない。そうして、かたちがないということについて、おそらく日本人は西洋人とちがった独特の好みを持っていたのである。「行雲流水」という仏教的なことばがあるが、そういう思想はむしろ思想以前の感性によって裏づけられていた。それは外界にたいする受動的な態度というよりは、積極的に、かたちなきものを恐れない心の表れではなかっただろうか。

「時間的な水と、空間的な水。」

この一文も東西の文化の違いを象徴的に表している。

**「時間的な水」とはもちろん日本の文化を象徴した言葉**である。鹿おどしで、水音が鳴った後、次の水音をじっと待つのが日本文化で、その静寂の中に時間も流れている。

それに対して、**空に向かって噴き上げる噴水は、まさに「空間的な水」である。**噴水は、ボタンを押せば噴き出し、再び押せば止まる。そこには時間の感覚はどこにもない。

「日本人にとって水は自然に流れる姿が美しいのであり、圧縮したりねじまげたり、粘土のように造型する対象ではなかった」とあるが、これはどういうことか?

たとえば日本と西洋の公園の例で考えてみよう。ただし日本の公園は、あくまで西洋の公園の模倣なので、日本の庭園を思い浮かべていただきたい。

西洋の公園にはその中央に大抵噴水があるが、日本の庭園には池や枯山水はあっても、噴水が中央にあることはない。

西洋人が公園を作る場合は、まず設計図があり、その人工的な空間の中に噴水や花壇やベンチなどを設置する。そして、完成したときが最も美しく、後は古びたなら修繕をするだけである。庭も噴水も人工的に「圧縮したりねじまげたり、粘土のように造型する対象」でしかなかったのである。

それに対して、日本の庭園は庭師が造ったときはまだ完成の途上であり、それを自然に委ねるのである。草が生え、苔むしてこそ、日本の庭園は自然の力を借りて完成する。

このように「水は自然に流れる姿が美しい」のであり、自然は変化するからこそ価値があるのである。

「行雲流水」といった仏教の言葉通り、自然は絶えず変化し、私たちの前を通り過ぎる。**春夏秋冬、そして、朝昼夜と、あらゆるものを時間の感覚の中で捉えようとするのは、日本人独特の自然観**である。

だから、短歌や俳句には季語や季節感が必要であるし、古人が「花は散るからこそ美しけれ」と歌ったのは、自然の一瞬の命をつかまえようとしたからなのである。

†目に見えないものを感じ取る力

見えない水と、目に見える水。

もし、流れを感じることだけが大切なのだとしたら、われわれは水を実感するのにもはや水を見る必要さえないといえる。ただ断続する音の響きを聞いて、その間隙に流れるものを間接に心で味わえばよい。そう考えればあの「鹿おどし」は、日本人が水を鑑賞する行為の極致を表す仕掛けだといえるかもしれない。

鹿おどしは、たとえば、和室の静寂の中で、ゆっくりと時を刻むように、その音を楽しむものである。

もちろん、竹が石を叩いている情景を直接見ることはない。音を聞くことで、脳裏にその情景を思い浮かべるしかない。まさに心で味わう文化なのである。

「見えない水と、目に見える水。」

**噴水は昼間、直接目で捉える水である。それに対して、鹿おどしは、目に見えない水を心で捉えるしかない。**

そこに東西の文化の違いがある。

## †講義のまとめ

一学期は、文章を論理的に読む訓練のスタートである。

特に、「鹿おどし」「噴水」といった具体例から、東西の文化の違いを読み取ることで、具体から抽象へといった「イコールの関係」、日本の文化と西洋の文化との比較といった「対立関係」をつかまえたかどうか。

**文章を論理的に読むということは、頭の使い方を変えることでもある。**論理を自在に操ることができたなら、論理的な話し方、論理的な考え方、論理的な文章の書き方がわかってくる。

これらは社会人にとって、何よりも強力な武器となる。

もう一つ、グローバル社会の中で、日本文化の性格を外国人に分かりやすく語れない日本人が増えているが、そのような教養のない人間では国際社会でも通用しないことを肝に銘じるべきである。

今回は「文化論」だったが、次に「芸術論」を読んでいこう。

第二講

# 清岡卓行「失われた両腕」

## ――文章を通し芸術の本質を考える

清岡卓行（きよおか・たかゆき）一九二二～二〇〇六

詩人、小説家。満州、大連生まれ。一九五九年に第一詩集『氷った焔』を書肆ユリイカより出版、以後『日常』『パリの5月に』など詩集多数。また小説家としても、「アカシヤの大連」で第六二回芥川賞を受賞した。現在、詩については現代詩文庫『清岡卓行詩集』（思潮社）などで読むことができる。本作「失われた両腕」は、『手の変幻』（講談社文芸文庫）に収録されている。

「目標」

① 「逆説的表現」を理解する。
② 芸術への洞察力を深める。

文化論に続いて、芸術論である。

清岡卓行は詩人であり、小説家であるが、本作はミロのヴィーナスを巡って、芸術とは何かを考えさせる名文だと言えよう。

この文章は内容から、三つの段落に分けられる。それぞれの段落の要点を読み取っていく。

### †逆説的表現

この文章全体が**逆説的表現**となっていることに注意。

**逆説とは、一見誰もが真実とは逆であると思うことを提示して見せ、深く考えると実はそれがある種の真実を表しているとする論理的な技法である。**

たとえば、「急がば回れ」という慣用的な言い回しがある。

急いでいるときは誰でも近道をしようとするものだが、回り道をせよとは、一見真実とは逆に見えるではないか。ところが、よく考えると、慌てるよりも、慎重に事を構える方がかえって早道であるという、ある種の真実を表現している。

なぜ、このような回りくどい表現が必要なのか？

「急いでいるときは慎重にしなさい」と言われたなら、あまりにも正しいので、「そんなこと、わざわざ言われなくても分かっている」と、その言葉は通り過ぎて、胸に留まることはない。

ところが、「急いでいるときは回り道をしなさい」と言われれば、一瞬「えっ」となる。この「えっ」という一呼吸が大切で、その後に「慎重にした方がかえって早道だよ」と言われたなら、なるほどとなる。

こうした逆説的表現を頭に置いて、文章を読んでいこう。

## †芸術の運命性

ミロのヴィーナスを眺めながら、彼女がこんなにも魅惑的であるためには、両腕を失っていなければならなかったのだと、ぼくはふとふしぎな思いにとらわれたことがある。つまり、そこには、美術作品の運命という制作者のあずかり知らぬなにものかも、微妙な協力をしているように思われてならなかったのである。

パロス産の大理石でできている彼女は、十九世紀の初めごろメロス島で、そこの農民により思いがけなく発掘され、フランス人に買い取られて、パリのルーヴル美術館に運ばれたと言われている。そのとき彼女は、その両腕を、故郷であるギリシアの海か陸のどこか、いわば生ぐさい秘密の場所にうまく忘れてきたのであった。いや、もっと的確に言うならば、彼女はその両腕を、自分の美しさのために、無意識的に隠してきたのであった。よりよく国境を渡っていくために、そしてまた、よりよく時代を超えていくために。このことは、ぼくに、特殊から普遍への巧まざる跳躍であるようにも思われるし、また、部分的な具象の放棄による、ある全体性への偶然の肉迫であるようにも思われる。

ぼくはここで、逆説を弄しようとしているのではない。これはぼくの実感なのだ。ミロのヴィーナスは、いうまでもなく、高雅と豊満の驚くべき合致を示しているところの、いわば美というものの一つの典型であり、その顔にしろ、その胸から腹にかけてのうねりにしろ、あるいはその背中のひろがりにしろ、どこを見つめていても、ほとんど飽きさせることのない均整の魔がそこにはたたえられている。しかも、それらに比較して、ふと気づくならば、失われた両腕はある捉えがたい神秘的な雰囲気、いわば生命の多様な可能性の夢を深々とたたえている。つまり、そこでは、大理石でできた二本の美しい腕が失われたかわりに、存在すべき無数の美しい腕への暗示という、ふしぎに心象的な表現が思いがけなくもたらされたのである。それは、確かに、なかばは偶然の生みだしたものだろうが、なんという微妙な全体性への羽ばたきであることだろうか。その雰囲気に一度でもひきずり込まれたことがある人間は、そこに具体的な二本の腕が復活することを、ひそかに恐れるにちがいない。たとえ、それがどんなにみごとな二本の腕であるとしても。

---

冒頭、「ミロのヴィーナスを眺めながら、彼女がこんなにも魅惑的であるためには、両腕を失っていなければならなかったのだ」と、筆者の主張が提示されている。

ミロのヴィーナスが両腕を失ったのは、全くの偶然である。メロス島で発見されたときにはすでに両腕は欠けていたのだが、最初から両腕がなかったわけでも、彼女が自らの意志で切り落としたわけでもない。

ところが、「そのとき彼女は、その両腕を、故郷であるギリシアの海か陸のどこか、いわば生ぐさい秘密の場所にうまく忘れてきたのであった。いや、もっと的確に言うならば、彼女はその両腕を、自分の美しさのために、無意識的に隠してきたのであった」とある限り、**筆者は両腕が欠けることによって、ミロのヴィーナスは初めて時代を超える美を獲得したのだと考えている**ことが分かる。

芸術とは人間の力だけでは成立しない、いわば運命が荷担して初めて成り立つものだというわけである。

「そこには、美術作品の運命という制作者のあずかり知らぬなにものかも、微妙な協力をしているように思われてならなかったのである」

と、指摘したとおりである。

二つ目の段落後半に、「特殊から普遍への巧まざる跳躍である」とある。

「特殊」とはこの場合腕が欠けたこと。まだ古代ギリシアで製作されたミロのヴィーナスは時代を超えて、現代でも世界中の人々を魅了したのだから、普遍性を持ったと言える。

「巧まざる」は意図していないのだから、偶然のこと。

つまり、ミロのヴィーナスはたまたま両腕が欠けることで、偶然芸術性を獲得し、時空を超えた普遍性を持つようになったという意味だろう。

では、両腕が欠けることによって、なぜ芸術に昇華したのか？

「部分的な具象の放棄による、ある全体性への偶然の肉迫である」

これはどういうことか？

「部分的な具象の放棄」とは、腕という具体的な部分を捨て去ること。その結果、なぜ「ある全体性への偶然の肉迫」かというと、偶然腕が欠けることで様々な腕を想像させ、その結果多様な可能性が生まれたことを指している。

## †生命の多様な可能性

筆者は「ぼくはここで、逆説を弄しようとしているのではない」と述べる。もちろん、両腕が欠けることによって、かえって全体性へ肉迫したのだから、逆説的と言えるのだが、ここでは何も理屈を弄んでいるのではなく、それが筆者の偽らざる実感だということを言いたいのだ。

また、ミロのヴィーナスが両腕を偶然なくすことで、逆に芸術性を確保したことは、芸術とは何かという根源的な問題をはらんでいるように思える。

「失われた両腕はある捉えがたい神秘的な雰囲気、いわば生命の多様な可能性の夢を深々とたたえている」

「存在すべき無数の美しい腕への暗示という、ふしぎに心象的な表現が思いがけなくもたらされた」

とあるように、芸術とは鑑賞者の想像力を刺激し、様々な可能性を暗示させるものではないか。

## †復元の可能性

したがって、ぼくにとっては、ミロのヴィーナスの失われた両腕の復元案というものが、すべて興ざめたもの、滑稽でグロテスクなものに思われてしかたがない。もちろん、そこには、失われた原形というものが客観的に推定されるはずであるから、すべての復元のための試みは正当であり、ぼくの困惑は勝手なものだろう。しかし、失われていることにひとたび心から感動した場合、もはや、それ以前の失われていない昔に感動することはほとんどできないのである。なぜなら、ここで問題となっていることは、表現における量の変化ではなくて、質の変化であるからだ。表現の次元そのものがすでに異なってしまっているとき、対象への愛と呼んでもいい感動が、どうして他の対象へさかのぼったりすることができるだろうか？　一方にあるのは、おびただしい夢をはらんでいる無であり、もう一方にあるのは、たとえそれがどんなにすばらしいものであろうとも、限定されてあるところのなんらかの有である。

たとえば、彼女の左手は林檎《りんご》を掌《てのひら》の上にのせていたかもしれない。そして、人柱像に支えられていたかもしれない。あるいは、盾を持っていただろうか？　それとも、笏《しゃく》を？　いや、そうした場合とはまったく異なって、入浴前か入浴後のなんらかの羞恥の姿態を示すものであるのかもしれない。さらには、こういうふうにも考えられる、実は彼女は単身像ではなくて、群像の一つであり、その左手は恋人の肩の上にでもおかれていたのではないか、と。——復元案は、実証的に、また想像的に、さまざまに試みられているようである。ぼくは、そうした関係の書物を読み、その中の説明図を眺めたりしながら、おそろしくむなしい気持ちにおそわれるのだ。選ばれたどんなイメージも、すでに述べたように、失われていること以上の美しさを生みだすことができないのである。もし真の原形が発見され、そのことが疑いようもなくぼくに納得されたとしたら、ぼくは一種の怒りをもって、その真の原形を否認したいと思うだろう、まさに、芸術というものの名において。

ここでは、筆者はミロのヴィーナスの復元の可能性について述べている。両腕はもともととあったものであり、それが何らかの理由で破損したものならば、それを修理し、復元するのが、一般社会の考え方である。

それを筆者は全面的に否定する。

次に因果関係を示す「したがって」が、冒頭にあることに注意。**「したがって」は、その前に理由が来ることを示す接続語**である。

なぜ、復元してはいけないのかというと、ミロのヴィーナスを復元させることで、それがどれほど美しい完成品となっても、前の方で述べられているような、「生命の多様な可能性の夢」を消してしまうからである。

「一方にあるのは、おびただしい夢をはらんでいる無であり、もう一方にあるのは、たとえそれがどんなにすばらしいものであろうとも、限定されてあるところのなんらかの有である」

両腕が欠けたヴィーナスは、鑑賞者に無数の心象風景を連想させるものであり、両腕を復元したヴィーナスはそれがたとえどんなに素晴らしいものでも、鑑賞者に夢を与えることはできない。

だから、筆者は復元を拒否するのである。

†手の持つ生命性

ここで、別の意味で興味があることは、失われているものが、両腕以外のなにものかであってはならないということである。両腕でなく他の肉体の部分が失われていたとしたら、ぼくがここで述べている感動は、おそらく生じなかったにちがいない。たとえば、目がつぶれていたり、鼻がかけていたり、あるいは、乳房がもぎとられていたりして、しかも両腕が、損なわれずにきちんとついていたとしたら、そこには、生命の変幻自在な輝きなどたぶんありえなかったのである。

なぜ、失われたものが両腕でなければならないのか？　ぼくはここで、彫刻におけるトルソの美学などに近づこうとしているのではない。腕というもの、もっときりつめて言えば、手というものの、人間存在における象徴的な意味について、注目しておきたいのである。それが最も深く、最も根源的に暗示しているものはなんだろうか？　ここには、実体と象徴のある程度の合致がもちろんあるわけだが、それは、世界との、他人との、あるいは自己との、千変万化する交渉の手段である。いいかえるなら、そうした関係を媒介するもの、あるいは、その原則的な方式そのものである。だから、機械とは手の延長であるという、ある哲学者が用いた比喩はまことに美しく聞こえるし、また、恋人の手をはじめて握る幸福をこよなくたたえた、ある文学者の述懐はふしぎに厳粛なひびきをもっている。どちらの場合も、きわめて自然で、人間的である。そして、たとえばこれらの言葉に対して、美術品であるという運命をになったミロのヴィーナスの失われた両腕は、ふしぎなアイロニーを呈示するのだ。ほかならぬその欠落によって、逆に、可能なあらゆる手への夢を奏でるのである。

---

最後の部分である。筆者は冒頭から、失われたものが肉体の他の部位ではなく、両腕でなければ、あのような芸術性を確保できなかったのではないかと指摘している。

「両腕でなく他の肉体の部分が失われていたとしたら、ぼくがここで述べている感動は、おそらく生じなかったにちがいない」

では、なぜ腕でなければならないのか?

「それは、世界との、他人との、あるいは自己との、千変万化する交渉の手段である」

**そういった腕が喪失されたからこそ、ミロのヴィーナスはおびただしい夢をはらむことが可能になったのだ。**

手は「きわめて自然で、人間的である」のだ。だから、それが失われるということは、ミロのヴィーナスが非人間的、非現実的な存在へと昇華することに他ならない。

それが筆者の言葉を借りれば、「夢」ということになるだろう。

「美術品であるという運命をになったミロのヴィーナスの失われた両腕は、ふしぎなアイロニーを呈示するのだ。ほかならぬその欠落によって、逆に、可能なあらゆる手への夢を奏でるのである」

最後に、筆者はこう結んでいる。

**†芸術と夢**

私たちは日々日常生活をおくっている。三食をはじめとする生存のための営み、勉強に仕事、そして人間関係に齷齪《あくせく》し、思考し、苦悩するのが現実であるならば、芸術はそうした試みから離れた非現実、つまり夢の領域に属するのかもしれない。

だから、**現実の象徴である両腕が喪失されたことで、ミロのヴィーナスは初めて鑑賞者に様々な夢をもたらす芸術性を獲得できた**のである。

さらに、筆者はもう一つ、芸術に関する問題を提起している。ミロのヴィーナスの両腕が欠けたのは、あくまで偶然によるものである。ヴィーナスを作った人は、両腕を備えた完璧なヴィーナスを制作したはずなのである。

**芸術は人工の美、つまり、人間が完成させるものなのか、最後は運命に任せるものなのかという、根源的なテーマがここにはある。**

## †講義のまとめ

一学期では評論として文化論、芸術論を読んだ。

私たち社会人は、一般に実生活とは無関係な、こうした文化や芸術に関して深く考える機会をあまり持たない場合が多い。

だが、**優れた評論を理解することによって、私たちが今暮らしているこの現代社会を、新たな角度から捉え直すことができる**のだ。

それが真の教養となり、その人の人間的な深み、魅力につながるのである。

# 第三講　森鷗外「舞姫」
## ――文学作品の「客観的な読解」を身につける

**森鷗外**（もり・おうがい）一八六二〜一九二二
小説家、翻訳家、軍医。近代日本文学を代表する作家の一人。東京大学医学部卒業後、陸軍軍医になる。四年間のドイツ留学の後、本作「舞姫」を一八九〇年に発表した。主な作品に「ヰタ・セクスアリス」「雁」「高瀬舟」「山椒大夫」などがある。本作「舞姫」の全文は、岩波文庫、ちくま文庫、新潮文庫などで読むことができ、読みやすい現代語訳版もある。

「目標」
① 「近代」について理解を深める。
② 文学作品を客観的に読解する。

## †誤読の上にはどんな鑑賞も成り立たない

一学期の後半は、森鷗外の「舞姫」を学習する（ページ数の関係で、一部文章を省略して掲載している）。

この作品を学習する目的は、次の二点である。

実は「舞姫」は明治二三年の作品であり、日本がまさに近代へと突入しようとする時代のものだった。そういった意味では、**日本の近代を理解する上で最適な教材**なのである。

文学史的に言えば、明治一八年に坪内逍遥「小説神髄」で近代文学が理論的に出発し、明治二〇年、二葉亭四迷の「浮雲」で実質的に出発したのだが、「浮雲」は未完成の作品である。**「舞姫」は完成された日本で最初の近代文学作品**である。

つまり、この浪漫主義の先駆的な作品でもって、日本の近代文学は幕を開けたのである。

もう一つは、**文学作品の読解の仕方**である。文学は感性が大切で、人それぞれ受け取り方は異なるものだという、フィーリング的な指導が学校現場で長らく行われてきたのだが、それは客観的読解と鑑賞との混同に起因する。

**誤読や主観的な読みの上には、どんな鑑賞も成り立たない**のだ。まずは作品を正確に、深く読解すること。すると、名作である限り、必ず次に何らかの感動が湧き起こってくる。そこで、次に作品をどう鑑賞し、どう評価するかという問題が生じてくるのだが、この鑑賞・評価が個々人によって異なってくるのは当然のことである。

しかし、**国語の学習の目的はまず正確で、深い読解力の養成にある。**一人一人の感動の仕方は教えることができないものであり、それは学習者に委ねなければならないことなのである。そこを混同すると、教師の感性や価値観の押しつけとなってしまうだろう。

## †小説家は危険思想の持ち主である

明治に入って日本は開国した。当時の薩長藩閥政府にとって、西洋の技術を取り入れることは急務だった。ところが、自由・平等など西洋の思想は危険なものと見なされていた。事実、キリスト教も明治元年に禁止され、政府によって公式に認められたのは明治一一年になってからである。

やがて西周《にしあまね》や福沢諭吉《ふくざわゆきち》などによる啓蒙運動が起こったが、実際に明治の知識人に大きな影響を与えたのは、坪内逍遥《つぼうちしょうよう》、二葉亭四迷《ふたばていしめい》、森鷗外などの小説家であった。なぜなら、当時日本にはまだ「文学」という概念が成立していなかったので、彼らは西洋の小説の翻訳から近代文学を出発させるしかなかった。そして、彼らが翻訳したのは、すでに自由や平等、民主主義が確立している市民革命以後の小説だったのである。

このようにして**小説家は、社会から危険思想の持ち主と見なされることになったのである。**

## †近代的自我の確立

近代の精神的な物差しとされたのが、**近代的自我の確立**である。封建時代は、集団と個人との分離が明確ではなかった。たとえば、一人の武士は藩や家という集団に属していて、個人よりも集団を優先させることが当然とされた。

藩主という個人と藩という集団とは一体のものであり、それゆえ藩主に尽くすことは藩という集団に尽くすことで、それが「忠」という封建的価値規範に他ならなかった。同じく、家長と家は一体のものであり、家長に尽くすことは家という集団に尽くすことで、それが「孝」という価値規範となったのだ。

逆に言うと、藩主や家長は藩や家という集団を背負っているのであって、それゆえ、お家のためにはいつでも腹を切る覚悟を幼いときから植え付けられていたのである。

近代に入って、集団から個人を分離させようとしたのが「自我の確立」だが、その結果、**明治の知識人たちはそれぞれ己の孤独と向き合わざるを得なくなった**。故郷や家から切り離された彼らは、都会の片隅で孤独に耐えながら、自己の精神を確立させようとした。

やがて、**自我がエゴへとすり替わっていったのが、近代の精神史**なのである。

## †森鷗外のドイツ留学

森家は代々津和野《つわの》藩主の御典医《ごてんい》を務める家柄であり、鷗外はその跡継ぎとして生を受けた。まさに家を背負う宿命を持って、英才教育を施されることになる。東京大学医学部を卒業した後、陸軍軍医となり、明治一七年にドイツ留学を命じられた。二一年の帰国まで四年の年月をドイツで過ごしたのだ。

さて、帰国後の鷗外の軌跡をたどってみると、実に謎めいているのである。

帰国後、「舞姫」のヒロイン、エリスのモデルと推測されるドイツ人の女性が来日する。鷗外はその女性を生涯忘れることがなかったのである。

翌年、訳詩集『於母影《おもかげ》』を発表、さらには日本最初の評論誌である『しがらみ草子』を創刊し、坪内逍遥との没理想論争など、戦闘的啓蒙運動を始める。

またこの年、海軍中将赤松則良《あかまつのりよし》の長女登志子《としこ》と婚約、翌明治二三年一月「舞姫」を発表、九月長男於菟《おと》が誕生したにもかかわらず、同月登志子と離婚しているのである。

果たして、この間に何があったのか？

「舞姫」を理解するには、当時の時代背景を鑑みなければならない。**現代の価値観で、過去の作品を切ってはいけないのである。**

## †「近代文語文」の読解

近代文語文のいわゆる「擬古文」は、明治末に今の口語体が定着するまで、過渡的に用いられた。

時々なじみのない用語や用法が使われているが、基本的には今の文体と大きな変わりはない。それどころか、「舞姫」のような雅文調はかえって流暢で情緒があり、味わい深いものである。鷗外の雅文体はまさに美しい日本語の原点であるから、繰り返し味わってほしい。

# †帰国船上にて

[1]石炭をばはや積み果てつ。中等室の卓《つくゑ》のほとりはいと静かにて、熾熱灯《しねつとう》の光の晴れがましきも[2]いたづらなり。今宵《こよい》は夜ごとにここに集ひ来る骨牌《カルタ》仲間もホテルに宿りて、舟に残れるは余一人のみなれば。五年《いつとせ》前のことなりしが、平生《ひごろ》の望み足りて、[3]洋行の官命をかうむり、このセイゴンの港まで来《こ》し頃は、目に見るもの、耳に聞くもの、一つとして[4]新たならぬはなく、筆に任せて書き記しつる紀行文日ごとに幾千言をかなしけむ、当時の新聞に載せられて、世の人にも[5]てはやされしかど、今日になりて思へば、幼き思想、身のほど知らぬ放言、[6]さらぬも[7]尋常《よのつね》の動植金石、さては風俗などをさへ珍しげに記ししを、心ある人はいかにか見けむ。こたびは途に上りしとき、日記《にき》ものせむとて買ひし冊子もまだ白紙のままなるは、ドイツにて物学びせし間《ま》に、一種の[8]ニル・アドミラリイの気象をや養ひ得たりけむ、

---

1　石炭をもう積み終えてしまった
2　むなしい
3　ヨーロッパに留学させるとの政府命令を受けて
4　新しくないものはなく
5　ほめそやされたけれど
6　そうでなくとも
7　ありふれた目に入る様々なもの
8　何事も驚かない性質

あらず、これには別に故あり。

げに東《ひんがし》に帰る今の我は、西に航せし昔の我ならず、学問こそなほ心に飽き足らぬところも多かれ、浮き世の憂きふし[9]をも知りたり、人の心の頼みがたきは言ふもさらなり、我と我が心さへ変はりやすき[10]をも悟り得たり。昨日の是は今日の非なる我が瞬間の感触を、筆に写して誰《たれ》にか見せむ。これや日記の成らぬ縁故なる、あらず、これには別に故あり。

ああ、ブリンヂイシイの港を出《い》でてより、はや二十日あまりを経ぬ。世の常ならば生面《せいめん》[11]の客にさへ交はりを結びて、旅の憂さを慰め合ふが航海の習ひなるに、微恙《びやう》[12]にことよせて房《へや》の内にのみ籠もりて、同行の人々にも物言ふことの少なきは、人知らぬ恨みに頭《かしら》のみ悩ましたればなり。この恨みは初め一抹の雲のごとく我が心をかすめて、スイスの山色をも見せず、イタリアの古跡にも心をとどめさせず、中頃は世を厭《いと》ひ、身をはかなみて、腸《はらわた》[13]日ごとに九廻《きうくわい》すとも言ふべき惨痛を我に負はせ、今は

9 この世のつらく、悲しいこと
10 自分自身の心さえも変わりやすい
11 初対面
12 ちょっとした病気
13 腹が回転するほどの悩み、苦しみ

心の奥に凝り固まりて、一点の翳《かげ》とのみなりたれど、文《ふみ》読むごとに、物見るごとに、鏡に映る影、[14]声に応ずる響きのごとく、限りなき懐旧の情を呼び起こして、幾度《いくたび》となく我が心を苦しむ。ああ、[15]いかにしてかこの恨みを銷《せう》せむ。もし他の恨みなりせば、詩に詠じ歌によめる後は心地すがすがしくもなりなむ。これのみはあまりに深く我が心に彫《ゑ》りつけられたれば[16]さはあらじと思へど、今宵はあたりに人もなし、[17]房奴《ばうど》の来て電気線の鍵をひねるにはなほほどもあるべければ、いで、その概略を文《ふみ》に綴《つづ》りてみむ。

14 対応が大変早いことのたとえ
15 ああ、どのようにしてこの恨みを消そうか
16 そうはいくまいと思うけれども
17 ボーイ

「舞姫」は主人公太田豊太郎の告白から始まる。

豊太郎はドイツから帰国する船中で、一人この告白文を書こうというのである。ところが、後の告白小説のような自己の罪の告白ではなく、**ここで語られようとするのは、際限のない「恨み」**なのである。

今、豊太郎の心を支配しているのは「人知らぬ恨み」であり、それは「腸日ごとに九廻

すとも言ふべき惨痛」を彼に与えるのである。

いったい誰に対する恨みなのか、今、豊太郎は「あまりに深く我が心に彫りつけ」られたこの恨みの概略を船中で綴り始めるのであるが、このように物語は始まるのだ。

## †封建人としての太田豊太郎

余は幼き頃より厳しき庭の訓《をし》へ[18]を受けし甲斐《かひ》に、父をば早く失ひつれど、学問の荒《すさ》み衰ふることなく、旧藩の学館に在りし日も、東京に出《い》でて予《よ》備黌《びくわう》に通ひしときも、大学法学部に入りし後も、太田《おほた》豊太郎《とよたらう》といふ名はいつも一級の首《はじめ》に記されたりしに、一人子の我を力になして世を渡る母の心は慰みけらし。十九の歳《とし》には学士の称を受けて、大学の立ちてよりその頃までにまたなき名誉なりと人にも言はれ、某《なにがし》省に出仕して、故郷なる母を都に呼び迎へ、楽しき年を送ること三年《みとせ》ばかり、官長の覚え殊なりしかば[19]、洋行して一課の事務を取り調べよとの命を受け、我が名を成さむも、我が家を興さむも、今ぞと思ふ心の

18 家庭教育
19 長官の信頼が特別であったので

勇み立ちて、五十を越えし母に別るるをもさまで悲しとは思はず、はるばると家を離れてベルリンの都に来ぬ。

余は模糊《もこ》[20]たる功名の念と、検束[21]に慣れたる勉強力とを持ちて、たちまちこのヨオロツパの新大都の中央に立てり。なんらの光彩ぞ、我が目を射むとするは。なんらの色沢ぞ、我が心を迷はさむとするは。菩提樹下《ぼだいじゆか》と訳するときは、幽静なる境なるべく思はるれど、この大道髪[22]のごときウンテル・デン・リンデンに来て両辺なる石畳の人道を行く隊々《くみぐみ》の士女を見よ。胸張り肩そびえたる士官の、まだウイルヘルム一世の街に臨める窓に倚《よ》りたまふ頃なりければ、様々の色に飾りなしたる礼装をなしたる、顔よき少女《をとめ》のパリまねびの粧《よそほ》ひしたる、かれもこれも目を驚かさぬはなきに、車道の土瀝青《チヤン》[23]の上を音もせで走るいろいろの馬車、雲にそびゆる楼閣の少しとぎれたる所には、晴れたる空に夕立の音を聞かせてみなぎり落つる噴井《ふきゐ》の水、遠く望めばブランデンブルク門を隔てて緑樹枝をさし交はしたる中より、半天

20 ぼんやりとした
21 自分自身を厳しく抑制する力
22 大通りがまっすぐなことのたとえ
23 アスファルト

に浮かび出でたる凱旋塔《がいせんたふ》の神女の像、このあまたの景物目睫《もくせふ》の間《かん》に集まりたれば、初めてここに来《こ》しものの応接にいとまなき[24]もうべなり[25]。されど我が胸にはたとひいかなる境に遊びても[26]、あだなる美観[27]に心をば動かさじの誓ひありて、つねに我を襲ふ外物を遮りとどめたりき。

24 多くのものに目を奪われ、じっくり鑑賞できない
25 もっともである
26 どのような土地に行っても
27 役に立たない

ここで告白されているのは、まさに**封建人としての太田豊太郎**である。幼いときから、国のため家のためと何の疑いも持たずに、ひたすら立身出世のために学問に邁進してきた己の姿である。

功名心に燃えた若い豊太郎の目には、ヨーロッパの大都のすべてが輝かしく見えたはずである。だが、豊太郎は己を律して、ひたすら勉学に励んだのである。

### †「まことの我」の出現

かくて三年《みとせ》ばかりは夢のごとくにたちしが、時来《きた》れば包みて

も包みがたきは人の好尚[28]なるらむ、余は父の遺言を守り、母の教へに従ひ、人の神童なりなど褒むるが嬉《うれ》しさに怠らず学びしときより、官長のよき働き手を得たりと励ますが喜ばしさにたゆみなく勤めしときまで、ただ所動的[29]、器械的の人物になりて自ら悟らざりしが、今二十五歳になりて、既に久しくこの自由なる大学の風に当たりたればにや[30]、心の中なにとなく穏やかならず、奥深く潜みたりしまことの我[31]は、やうやう表に現れて、昨日までの我ならぬ我を攻むるに似たり。余は我が身の今の世に雄飛すべき政治家になるにもよろしからず、またよく法典をそらんじて獄を断ずる[32]法律家になるにもふさはしからざるを悟りたりと思ひぬ。余はひそかに思ふやう、我が母は余を生きたる辞書となさむとし、我が官長は余を生きたる法律となさむとやしけむ。辞書たらむはなほ堪ふべけれど、法律たらむは忍ぶべからず。今までは瑣々《ささ》たる問題にも、極めて丁寧にいらへしつる[33]余が、この頃より官長に寄する書《ふみ》にはしきりに法制の細目

28 好み
29 受動的
30 当たったせいだろうか
31 本当の自分（自我）
32 訴訟に判決を与える
33 答えてきた

にかかづらふべきにあらぬ[34]を論じて、一たび法の精神をだに得たらむには、紛々たる[35]万事は破竹のごとくなるべし[36]などと広言しつ。また大学にては法科の講筵をよそにして、歴史文学に心を寄せ、やうやく蔗《しよ》を嚼《か》む[37]境に入りぬ。

官長はもと心のままに用ゐるべき器械をこそ作らむとしたりけめ。独立の思想を抱きて、人なみならぬ面もち[38]したる男をいかでか喜ぶべき。危ふきは余が当時の地位なりけり。されどこれのみにては、なほ我が地位を覆すに足らざりけむを、日頃ベルリンの留学生のうちにて、ある勢力ある一群れと余との間に、おもしろからぬ関係ありて、かの人々は余を猜疑《さいぎ》し、またつひに余を讒誣《ざんぶ》[39]するに至りぬ。されどこれとてもその故なくてやは。

34 こだわるべきではない
35 ごたごたして複雑な
36 竹を割るように明快に解決できる
37 物事に面白みを感じる
38 普通とは違う顔つき
39 事実を曲げ、他人を悪く言う

三年ほどたった。ドイツでは、誰もが自分の学問をやり、好きな人と恋愛し、好きな職業を自分で選択する、それが当たり前のことだった。ここに**初めて近代人として、自我の芽生えた日本人が生まれたのだ。**

自由の風に当たっているうちに、しだいに「まことの我」が表に出てくるのは自然の成り行きだった。母は自分を生きた辞書にしようとし、官長は自分を生きた法律にしようとした。

独立した思想を抱いた人間を、官長が喜ぶはずもない。しだいに、豊太郎の地位は危ういものとなっていったのである。

**†弱く不憫な心**

かの人々は余がともに麦酒《ビイル》の杯をも挙げず、球突きの棒《キユウ》をも取らぬを、かたくななる心と欲を制する力とに帰して、かつは嘲りかつは嫉《ねた》みたりけむ。されどこは余を知らねばなり。ああ、この故よしは、我が身だに知らざりしを、いかでか人に知らるべき。我が心はかの合歓《ねむ》といふ木の葉に似て、物触《さや》れば縮みて避けむとす。我が心は処女に似たり。余が幼き頃より長者の教へを守りて、学びの道をたどりしも、仕への道をあゆみしも、みな勇気ありてよくしたるにあらず、耐忍勉強の力と見えしも、みな自ら欺き、人をさへ欺きつるにて、人のたどらせたる道を、ただ一筋にたどりしのみ。よそに心の乱れざりしは、外物を棄《す》てて顧みぬほどの勇気ありしにあらず、ただ外物に恐れて自ら我が手足を縛せしのみ。故郷を立ち出《い》づる前にも、我が[40]有為の人物なることを疑はず、また我が心のよく耐へむことをも深く信じたりき。ああ、[41]彼も一時。舟の横浜を離るるまでは、あっぱれ豪傑と思ひし身も、[42]せきあへぬ涙に手巾《しゅきん》を濡《ぬ》らしつるを我ながら怪しと思ひしが、これぞなかなかに我が本性なりける。この心は生まれながらにやありけむ、また早く父を失ひて母の手に育てられしによりてや生じけむ。

かの人々の嘲るは[43]さることなり。されど嫉むはおろかならずや。この弱くふびんなる心を。

40 才能があって役に立つこと
41 それも一時のことだった
42 次々とあふれ、止めることもできない涙
43 もっともなことである

豊太郎は鋼鉄の意志でもって、仲間の誘いもはねつけてひたすら勉学に励んできた。人に何を言われようが、自分を有為の人物と信じ、エリートコースを真っ直ぐに歩んできた。

ところが、それは自分も人をも欺いたのであって、ただ外物を恐れて自分で自分を縛っていただけのことだったのだ。

鷗外は自我の目覚めた豊太郎の本性を、「我が心はかの合歡といふ木の葉に似て、物触れば縮みて避けむとす。我が心は処女に似たり」（私の心は合歓〔おじぎ草〕の葉に似て、物に触れたとたんおびえて縮み、それを避けようとする。私の本性は処女のそれに似ている）と表現する。

「かの人々の嘲るはさることなり。されど嫉むはおろかならずや。この弱くふびんなる心を」

この弱く不憫な心が、やがては大きな災いを招いてしまうのだ。そんな時、豊太郎は薄幸の美少女エリスと出会うのである。

### †エリスとの出会い

ある日の夕暮れなりしが、余は獣苑《じうゑん》を漫歩して、ウンテル・デン・リンデンを過ぎ、我がモンビシユウ街の[44]僑居《けうきよ》に帰らむと、クロステル巷《かう》の古寺の前に来ぬ。余はかの[45]灯火《ともしび》の海を渡り来て、

44 下宿

この狭く薄暗き巷《こうぢ》に入り、楼上の木欄《おばしま》[46]に干したる敷布、襦袢《はだき》などまだ取り入れぬ人家、頬髭《ほほひげ》長きユダヤ教徒の翁《おきな》が戸前にたたずみたる居酒屋、一つの梯《はしご》はただちに楼《たかどの》に達し、他の梯は穴蔵住まひの鍛冶が家に通じたる貸家などに向かひて、凹字の形に引き込みて建てられたる、この三百年前の遺跡を望むごとに、心の恍惚《くわうこつ》となりてしばしたたずみしこと幾度《いくたび》なるを知らず。

　今この所を過ぎむとするとき、鎖《とざ》したる寺門の扉に倚《よ》りて、声をのみつつ泣くひとりの少女《をとめ》あるを見たり。年は十六、七なるべし。被《かむ》りし巾《きれ》を洩《も》れたる髪の色は、薄きこがね色にて、着たる衣は垢《あか》つき汚れたりとも見えず。我が足音に驚かされてかへりみたる面《おもて》、余に詩人の筆なければこれを写すべくもあらず。この青く清らにて物問ひたげに愁ひを含める目《まみ》の、半ば露を宿せる長き睫毛《まつげ》に覆はれたるは、何故に一顧したるのみにて[47]、用心深き我が心の底までは徹したるか。

---

45 繁華街の電光の眩しさをたとえた言葉

46 手すり

47 ちょっとふりむいてみただけで

エリスとの出会いの場面である。豊太郎が夕暮れ時に寄り道をして帰るのだが、一切の外物を遮ろうとした頃とは異なり、すでに自由なる風に吹かれていた時にエリスと出会ったのだ。以前の豊太郎だったなら、寄り道をすることなど考えられなく、エリスと出会うこともなかったはずである。

その時、金髪の美しい少女は古寺の門に寄りかかり、一人声を殺して泣いていたのである。

エリスはビクトリア座の貧しい踊り子で母親と二人暮らし、父が死んだのに葬式を執り行う金もなくて困り果てていた。そこへ座長がつけ込んで、エリスを自分のものにしようと強引に迫っていたのである。

豊太郎はエリスの境遇を哀れに思い、その場で助けてやることにした。そこから二人の恋愛が始まったのである。

## †豊太郎の免官

――ああ、[48]なんらの悪因ぞ。この恩を謝せむとて、自ら我が僑居---

に来し少女は、ショオペンハウエルを右にし、シルレルを左にして、終日《ひねもす》兀坐《こつざ》する我が読書の窓下に、一輪の名花を咲かせてけり。このときを初めとして、余と少女との交はりやうやくしげくなりもてゆきて、同郷人にさへ知られぬれば、彼らは速了にも、余をもて色を舞姫の群れに漁するものとしたり。我ら二人の間にはまだ痴騃《ちがい》なる歓楽のみ存じたりしを。

48 何という悪い結果をもたらすことになったのだ
49 動かず、じっと座っている
50 早がてん
51 色事の相手を踊り子たちの中にあさるもの
52 たわいない

この時二人はまだ男女関係にはなかったのだが、同郷人はそれを讒訴《ざんそ》する。官費で留学したのに、舞姫風情にうつつを抜かすとはけしからんということであろう。ついに豊太郎に国からの費用が支給されなくなる。帰国をするか、ベルリンに一人とどまるかの選択を一週間以内に迫られることになるのだが、この時母の死を知らせる手紙が届いたことと、親友相沢謙吉が新聞社の特派員の仕事を紹介してくれたことで、豊太郎はこの地にとどまることを決めたのである。

その結果、薄給ではあるが、豊太郎はエリスの家に身を寄せ、ささやかな暮らしを始めたのだ。

### †エリスの妊娠

明治二一年の冬、ようやく静かな生活が訪れた二人に、新たな難題が持ち上がった。

> 明治二十一年の冬は来にけり。表街《おもてまち》の人道にてこそ砂をも蒔《ま》け[53]、鍤《すき》をもふるへ、クロステル街のあたりは凸凹坎坷《かんか》の所は見ゆめれど[54]、表のみは一面に凍りて、朝《あした》に戸を開けば飢ゑ凍えし雀《すずめ》の落ちて死にたるも哀れなり。室《へや》を温め、かまどに火を焚《た》きつけても、壁の石を通し、衣の綿を穿《うが》つ[55]北ヨオロッパの寒さは、なかなかに堪へ難かり。エリスは二、三日前の夜、舞台にて卒倒しつとて、人に扶《たす》けられて帰り来《こ》しが、それより心地悪《あ》しとて休み、物食ふごとに吐くを、悪阻《つはり》といふものならむと初めて心づきしは母なりき。ああ、さらぬだにおぼつかなきは我が身

53 すべらないように砂をまいたり、すきで氷を割ったりする

54 でこぼこしていて歩きにくい所が見受けられるが

55 衣服の綿をもつきぬける

一の行く末なるに、もしまことなりせばいかにせまし。

ここで注意しなければならないのは、**エリスの妊娠にもかかわらず、豊太郎の苦悩が深まっていること**である。

「ああ、さらぬだにおぼつかなきは我が身の行く末なるに、もしまことなりせばいかにせまし」（ああ、ただでさえ不安定な私の将来なのに、もしエリスの妊娠が本当だったらどうしよう）

とあるように、ここでは豊太郎の心が引き裂かれている。

確かに、エリスを愛していることは事実に違いないが、すべては成り行きで起こったことで、豊太郎自身がエリスのために職を辞したわけではなかった。同郷人の讒言《ざんげん》のために職を失い、途方に暮れている中、自ずとエリスと暮らすようになったわけで、**豊太郎が自分自身の意志で故郷を捨てたわけではなかった**。

この辺りを読み落としたなら、「舞姫」の正確な解釈は困難になる。

この時すでにエリスは豊太郎を一途に愛し始めている。そんな時に、相沢謙吉から一通の手紙が届いたのだ。

### †相沢謙吉の手紙

昨夜《よべ》ここに着せられし天方《あまがた》大臣につきて我も来たり。伯の汝《なんぢ》を見まほしとのたまふに疾《と》く来《こ》よ。汝が名誉を回復するもこのときにあるべきぞ。心のみ急がれて用事をのみ言ひやるとなり。

読み終はりて茫然《ばうぜん》たる面もちを見て、エリス言ふ。「故郷よりの文《ふみ》なりや。[56]悪しき便りにてはよも。」彼は例の新聞社の報酬に関する書状と思ひしならむ。「否、[57]心にな掛けそ。御身も名を知る相沢が、大臣とともにここに来て我を呼ぶなり。急ぐといへば今よりこそ。」

56 まさか悪い知らせではないでしょうね

57 心配するな

相沢謙吉が大臣に伴って、ベルリンに到着した。大臣が君に会いたがっているから、すぐに来いというのが、手紙のあらましだった。君の名誉を回復するのはこの時だ、とも書き添えてあった。

相沢謙吉は豊太郎の復権に何とか力を貸そうというのだ。
それに対して、エリスは豊太郎の着替えを手伝いながら、

「これにて見苦しとは誰《たれ》もえ言はじ。我が鏡に向きて見たまへ。何故にかく不興なる面もちを見せたまふか。我ももろともに行かまほしきを。」少し容《かたち》をあらためて。「否、かく衣を改めたまふを見れば、なにとなく我が豊太郎の君とは見えず。」

と言ったのだが、別れ際に不安になったのか、

「よしや富貴になりたまふ日はありとも、我をば見捨てたまはじ。[58]我が病は母ののたまふごとくならずとも。」

と、思わず口に出たのである。
エリスは、お腹の中の子どもが豊太郎をつなぎ止める大切なものと思い込んでいるので

58 私の病気が母の言われる妊娠でないとしても

ある。

それに対して、豊太郎は「大臣は見たくもなし。ただ年久しく別れたりし友にこそ逢《あ》ひには行け」と答えていることにも注意が必要である。

**この時点では、エリスを捨てることなど思いもよらないことだった。**

## †相沢謙吉の忠告

余が胸臆を開いて物語りし不幸なる閲歴を聞きて、彼はしばしば驚きしが、なかなかに余を責めむとはせず、かへりて他の凡庸なる諸生輩を罵りき。されど物語の終はりしとき、彼は色を正していさむるやう[59]、この一段のことはもと生まれながらなる弱き心より出でしなれば、今さらに言はむも甲斐《かひ》なし。とはいへ、学識あり、才能あるものが、いつまでか一少女《をとめ》の情にかかづらひて、目的なき生活《なりはひ》をなすべき。今は天方伯もただドイツ語を利用せむの心のみなり。己もまた伯が当時の免官の理由を知れるが故に、強ひてその成心[60]を動かさむとはせず、伯が心

59 まじめな顔つきで

60 既成観念

中にて曲庇者《きよくひもの》[61]なりなんど思はれむは、朋友《ほういう》[62]に利なく、己に損あればなり。人を薦むるはまづその能を示すにしかず。これを示して伯の信用を求めよ。またかの少女との関係は、よしや彼に誠ありとも、よしや情交は深くなりぬとも、人材[63]を知りての恋にあらず、慣習といふ一種の惰性より生じたる交はりなり。意を決して断てと。これその言《こと》のおほむねなりき。

61 えこひいきする者
62 友人
63 人物・人柄

相沢謙吉は豊太郎の閲歴を聞いて、むしろ凡庸な同僚を批判した。ところが、次に襟を正して、一連のエリスとのことを、「生まれながらなる弱き心より出でし」と断じたのだ。豊太郎のことを深く理解している人の言葉であろう。そして、「かの少女との関係は、よしや彼に誠ありとも、よしや情交は深くなりぬとも、人材を知りての恋にあらず、慣習といふ一種の惰性より生じたる交はりなり。意を決して断てと」と断ずるのである。

この相沢謙吉の非情な言葉を決して非難することはできない。なぜなら、相沢謙吉は封建人であって、個人よりも国家を優先するのは当時の知識人にとって当然のことだったのである。

豊太郎こそ、一人の愛する女性を捨てるのに心を切り裂いた、日本で初めて自我の芽生えを経験した、近代人だったのである。

さて、ここから慎重にテキストを読み取っていかなければならない。果たして豊太郎は**エリスを捨てたのか、捨てなかったのか、有罪か無罪か。**

エリスとの愛を取れば、半永久的に出世の道は閉ざされ、豊太郎はたった一人異国に置き去りにされてしまう。

だが、捨てがたきは、エリスへの愛。これも豊太郎の本心なのである。

---

大洋に舵《かぢ》を失ひし舟人が、遥《はる》かなる山を望むごときは、相沢が余に示したる前途の方針なり。されどこの山はなほ重霧の間に在りて、いつ行きつかむも、否、はたして行きつきぬとも、我が中心に満足を与へむも定かならず。貧しきが中にも楽しきは今の生活、棄《す》て難きはエリスが愛。我が弱き心には思ひ定め

むよしなかりしが、しばらく友の言に従ひて、この情縁を断たむと約しき。余は守るところを失はじ[64]と思ひて、己に敵するものには抗抵すれども、友に対して否とはえ答へぬが常なり。

64 人の意見を無理におしつけられても、自分の気持ちを変えることはするまい

**ここで再び「弱き心」が登場する。**友の言葉に従って、エリスとの関係を断つと約束したのだが、「しばらく友の言に従ひて」とあることから、実際にエリスを捨てると決意したのではなく、とりあえずは友に対して否と言えなかったと述べられてある。

ここでは決断を保留したのである。相沢は自分のために懸命に骨を折ってくれている、そんな友の真摯な忠告を無碍にすることもできないと、口先だけ相沢に情縁を断つと約束してしまったのである。

## †大臣のロシア行きに同行

さて、話は急展開する。大臣の信任を得た豊太郎は、突然、ロシアへの同行を命ぜられるのだ。

一月ばかり過ぎて、ある日伯は突然我に向かひて、「余は明《あ》旦《す》、ロシアに向かひて出発すべし。従ひて来《く》べきか。」と問ふ。余は数日間、かの公務にいとまなき相沢を見ざりしかば、この問ひは不意に余を驚かしつ。「[65]いかで命に従はざらむ。」余は我が恥を表さむ。この答へはいち早く決断して言ひしにあらず。余は己が信じて頼む心を生じたる人に、卒然ものを問はれたるときは、咄嗟《とっさ》の間《かん》、その答への範囲をよくも量らず、ただちに[66]うべなふことあり。さてうべなひし上にて、そのなし難きに[67]心づきても、強ひて当時の[68]心虚《うつろ》なりしを覆ひ隠し、耐忍してこれを実行することしばしばなり。

この日は翻訳の[69]代《しろ》に、旅費さへ添へて賜りしを持て帰りて、翻訳の代をばエリスに預けつ。これにてロシアより帰り来《こ》むまでの費えをば支へつべし。彼は医者に見せしに[70]常ならぬ身なりといふ。貧血の性《さが》なりし故、[71]幾月か心づかでありけむ。座頭《ざがしら》よ

---

65 どうして命令に従わないことがあろうか

66 承知する

67 気がついても

68 しっかりしていなかったこと

69 代金

70 妊娠している体

りは休むことのあまりに久しければ籍を除きぬと言ひおこせつ[72]。まだ一月ばかりなるに、かく厳しきは故あればなるべし。旅立ちのことにはいたく心を悩ますとも見えず。偽りなき我が心を厚く信じたれば。

71 何か月か妊娠の事実に気づかなかったのだろう

72 言ってよこした

鷗外はここでも慎重に豊太郎の心情を描写している。突然のロシア行きを承諾したのだが、それも自分の意志で決断したのではなく、大臣にとっさに命じられて断ることができなかったと言うのだ。

それに対して、エリスは豊太郎の愛を疑うこともない。「旅立ちのことにはいたく心を悩ますとも見えず。偽りなき我が心を厚く信じたれば」とあるように、エリスは一途に信じ切っているのである。

豊太郎は死に物狂いで働き、しだいに大臣の信任を得るのである。そして、二人の愛は会えないことによって、ますます深まっていく。

一方、エリスは豊太郎が大臣に認められ、自分も一緒に日本に行けると懸命に信じ込もうとしている。そのため、喧嘩してでも母親を説得しようとしたのである。

## ロシアからの帰国

豊太郎は大臣の信任を得たが、ここで困った事態に陥ることになる。

今さら思へば、余が軽率にも彼に向かひてエリスとの関係を絶たむと言ひしを、早く大臣に告げやしけむ。

相沢が大臣に、豊太郎がエリスとの関係を断つと約束したことを教えたのだ。この時の豊太郎の歎きが次のように描写されている。

ああ、ドイツに来《こ》し初めに、自ら我が本領[73]を悟りきと思ひて、また器械的人物とはならじと誓ひしが、こは足を縛して放たれし鳥のしばし羽を動かして自由を得たりと誇りしにはあらずや。足の糸は解くに由なし。先にこれを操りしは、我が某《なにがし》省の官

73 本当の性格

長にて、今はこの糸、あなあはれ、天方伯の手中に在り。

自由なる風に吹かれて、自我が芽生えたと確信していた豊太郎は、何と言うことはない、足を糸に縛られて放たれた鳥のようなものだったのである。

そして、とうとう豊太郎はエリスの待つドイツに帰ってくる。

車はクロステル街に曲がりて、家の入り口に駐《とど》まりぬ。このとき窓を開く音せしが、車よりは見えず。馭丁《ぎょてい》にカバン持たせて梯《はしご》を上らむとするほどに、エリスの梯を駆け下るに逢《あ》ひぬ。彼が一声叫びて我が項《うなじ》を抱《いだ》きしを見て馭丁はあきれたる面もちにて、何やらむ髭《ひげ》の内にて言ひしが聞こえず。

「よくぞ帰り来たまひし。帰り来たまはずば我が命は絶えなむを。」

我が心はこのときまでも定まらず、故郷を思ふ念と栄達を求むる心とは、時として愛情を圧せむとせしが、ただこの一刹那、[74]低徊踟躕《ていくわいちちう》の思ひは去りて、余は彼を抱き、彼の頭《かしら》は我が肩に倚《よ》りて、彼が喜びの涙ははらはらと肩の上に落ちぬ。

74 あれこれ思い悩むこと

この時の豊太郎の心情もまた真実なのである。エリスとの愛さえあれば、他に何もいらないと豊太郎は思ったのである。

## †豊太郎の裏切り

二、三日の間は大臣をも、旅の疲れやおはさむとてあへて訪《とぶら》はず、家にのみ籠もりをりしが、ある日の夕暮れ使ひして招かれぬ。行きてみれば待遇殊にめでたく、ロシア行きの労を問ひ慰めて後、我とともに東《ひんがし》に帰る心なきか、[75]君が学問こそ我が測り知るところならね、語学のみにて世の用には足りなむ、滞留のあまりに久しければ、様々の[76]係累もやあらむと、相沢に問ひしに、[77]さることなしと聞きて[78]落ちゐたりとのたまふ。その[79]気色《けしき》[80]いなむべくもあらず。あなやと思ひしが、さすがに相沢の言《こと》を

75 君の学問の深さは私にはわからないが
76 かかわりあい
77 そういうことはない
78 安心した

偽りなりとも言ひ難きに、もしこの手にしもすがらずば、本国をも失ひ、名誉を引きかへさむ道をも絶ち、身はこの広漠たる欧州大都の人の海に葬られむかと思ふ念、心頭を衝《つ》いて起これり。ああ、なんらの特操[81]なき心ぞ、「承りはべり。」と答へたるは。

79 様子
80 断ろうとしても断れるものではない
81 常に変わらない信念

豊太郎は相沢の自分に対する真剣な態度に「否」とは言えなかった。そして、相沢はそのことをすでに大臣に告げていたのだ。

大臣が自分と一緒に日本に帰る気がないかと言い、さらに、大臣は相沢に向かって、長いドイツ滞在中にいろいろな不都合なこともあるだろうと聞き、相沢はすかさず「そんなことはありません」と答えたというのである。

いまさら相沢の言ったことが嘘だとは大臣の前では言えず、豊太郎はその場で「承知いたしました」と答えてしまったのだ。

[82]黒がねの額《ぬか》はありとも、帰りてエリスに何とか言はむ。ホテルを出でしときの我が心の錯乱は、たとへむに物なかりき。余は道の東西をも分かず、思ひに沈みて行くほどに、行き合ふ馬車の馭丁《ぎよてい》に幾度《いくたび》か叱せられ、驚きて飛びのきつ。しばらくしてふとあたりを見れば、獣苑《じうゑん》の傍らに出でたり。倒るるごとくに道の辺《べ》の腰掛けに倚《よ》りて、焼くがごとく熱し、槌《つち》にて打たるるごとく響く頭《かしら》を[83]榻背《たふはい》に持たせ、死したるごときさまにて幾時をか過ごしけむ。激しき寒さ骨に徹すと覚えて醒《さ》めしときは、夜に入りて雪はしげく降り、帽のひさし、外套《ぐわいたう》の肩には一寸ばかりも積もりたりき。

　もはや十一時をや過ぎけむ、モハビツト、カルル街通ひの鉄道馬車の軌道も雪に埋《うづ》もれ、ブランデンブルゲル門のほとりの瓦斯《ガス》灯は寂しき光を放ちたり。立ち上がらむとするに足の凍え

82 鉄面皮

83 ベンチの背

たれば、両手にてさすりて、やうやく歩み得るほどにはなりぬ。

足の運びの捗《はかど》らねば、クロステル街まで来《こ》しときは、半夜をや過ぎたりけむ。ここまで来し道をばいかに歩みしか知らず。一月上旬の夜なれば、ウンテル・デン・リンデンの酒家、茶店はなほ人の出入り盛りにて[84]賑はしかりしならめど、[85]ふつに覚えず。我が脳中にはただただ我は許すべからぬ罪人《つみびと》なりと思ふ心のみ満ち満ちたりき。

四階の屋根裏には、エリスはまだ寝《い》ねずとおぼしく、[86]炯然《けいぜん》たる[87]一星の火、暗き空にすかせば、明らかに見ゆるが、降りしきる鷺《さぎ》のごとき雪片に、たちまち覆はれ、たちまちまた顕《あらは》れて、風にもてあそばるるに似たり。戸口に入《い》りしより疲れを覚えて、身の節の痛み堪へ難ければ、這《は》ふごとくに梯《はしご》を上りつ。庖厨《はうちう》を過ぎ、室《へや》の戸を開きて入りしに、机に倚りて襁褓《むつき》縫ひたりしエリスは振り返へりて、「あ。」と叫びぬ。「[88]いかにかしたまひし。御身の姿は。」

84 にぎやかであったのだろうか
85 全然
86 光り輝いている
87 星のように、一つだけ明るい灯火
88 どうなさったのですか

驚きしも[89]うべなりけり、[90]蒼然《さうぜん》として死人に等しき我が面色、帽をばいつの間にか失ひ、髪はおどろと乱れて、幾度か道にてつまづき倒れしことなれば、衣は泥まじりの雪に汚れ、所々は裂けたれば。

余は答へむとすれど声出《い》でず、膝のしきりに[91]をののかれて立つに堪へねば、椅子をつかまむとせしまでは覚えしが、そのままに地に倒れぬ。

---

89 もっともなことであった

90 顔色が青ざめて

91 自然に震えて

---

さて、豊太郎は有罪か、否か。

出世か恋愛かの二者択一の中で、結局、豊太郎は出世のためにエリスを捨てたといった論調が、「舞姫」発表当時にも起こった。

だが、事はそう単純ではない。丁寧に読んでいけば、そうは書いていないことが分かる。

「我が脳中にはただただ我は許すべからぬ罪人なりと思ふ心のみ満ち満ちたりき」

これが大臣に承知しましたと答えた後の豊太郎の心情である。そう答えたこと自体がエリスに対する裏切りであることは明白である。

だから、その罪の意識が彼の心の奥深くを、錐《きり》のように突き刺した。

だが、大臣にいったんは約束したものの、豊太郎はどうしてもエリスを捨てることができない。豊太郎は道ばたの腰掛けにもたれかかったまま、高熱を出してしばらく意識を失ってしまうのである。

ここで描かれているのは、あくまで豊太郎の錯乱である。

**豊太郎が「棄て難きはエリスが愛」と述べたのは決して偽りではなく、ただ「弱き心」のために相沢にも大臣にも否とは言えなかったのである。**

だから、豊太郎は錯乱状態の中で、エリスの顔を見たとたんに意識を失ってしまったのだ。

**結局、豊太郎はエリスを捨てることができなかった。**いや、苦悩の果てに意識を失ってしまい、自分で選択することさえ許されなかったのである。

なぜなら、豊太郎の意識が戻ったのは数週間後であり、その間に、相沢謙吉がエリスを訪れ、事の顚末を告げたとたんに、エリスは精神に異常をきたしてしまったからである。

人事を知るほどになりしは数週《すしう》の後なりき。熱激しくて譫語《うはこと》のみ言ひしを、エリスが懇《ねもご》ろにみとるほどに、ある日相沢は訪ね来て、余が彼に隠したる顚末《てんまつ》をつばらに[92]知りて、大臣には病のことのみ告げ、よきやうに繕ひおきしなり。余は初めて病床に侍するエリスを見て、その変はりたる姿に驚きぬ。彼はこの数週のうちにいたく瘦せて、血走りし目《まみ》はくぼみ、灰色の頰は落ちたり。相沢の助けにて日々の生計《たつき》には窮せざりしが、この恩人は彼を精神的に殺ししなり。

後に聞けば彼は相沢に逢《あ》ひしとき、余が相沢に与へし約束を聞き、またかの夕べ大臣に聞こえ上げし一諾を知り、にはかに座より躍り上がり、面色さながら土のごとく、「我が豊太郎ぬし、かくまでに我をば欺きたまひしか。」と叫び、その場に倒れぬ。相沢は母を呼びて共に助けて床に臥《ふ》させしに、しばらく

92　詳しく

して醒《さ》めしときは、目は直視したるままにて傍らの人をも見知らず、我が名を呼びていたく罵り、髪をむしり、布団を嚙《か》みなどし、またにはかに心づきたるさまにて物を探り求めたり。母の取りて与ふる物をばことごとく投げうちしが、机の上なりし襁褓を与へたるとき、探りみて顔に押し当て、涙を流して泣きぬ。

これよりは騒ぐことはなけれど、精神の作用はほとんど全く廃して、その痴《おろか》なること赤児《あかご》のごとくなり。医に見せしに、過激なる心労にて急に起こりしパラノイアといふ病なれば、治癒の見込みなしと言ふ。ダルドルフの癲狂院《てんきやうゐん》に入れむとせしに、泣き叫びて聴かず、後にはかの襁褓一つを身につけて、幾度《いくたび》か出《い》だしては見、見ては欷歔《ききよ》す。余が病床をば離れねど、これさへ心ありてにはあらずと見ゆ。ただ折々思ひ出したるやうに「薬を、薬を。」と言ふのみ。

余が病は全く癒えぬ。エリスが生ける屍《かばね》を抱きて千行《ちすぢ》の涙を

93 正気に戻った様子
94 精神錯乱
95 精神病院
96 正気でしていることではない

注ぎしは幾度ぞ。大臣に従ひて帰東の途に上りしときは、相沢と議《はか》りてエリスが母に微《かす》かなる生計を営むに足るほどの資本を与へ、あはれなる狂女の胎内に遺《のこ》しし子の生まれむ折のことをも頼みおきぬ。
ああ、相沢謙吉がごとき良友は世にまた得難かるべし。されど我が脳裏に一点の彼を憎むこころ今日までも残れりけり。

子どもを宿したまま精神に異常をきたしたエリスを残して、豊太郎は一人日本に帰国するのだが、鷗外はこの物語を「ああ、相沢謙吉がごとき良友は世にまた得難かるべし。されど我が脳裏に一点の彼を憎むこころ今日までも残れりけり」という文で締めくくっている。

この末尾の文は、冒頭の
「この恨みは初め一抹の雲のごとく我が心をかすめて、スイスの山色をも見せず、イタリアの古跡にも心をとどめさせず、中頃は世を厭ひ、身をはかなみて、腸日ごとに九廻すとも言ふべき惨痛を我に負はせ、今は心の奥に凝り固まりて、一点の翳とのみなりたれど、文読むごとに、物見るごとに、鏡に映る影、声に応ずる響きのごとく、限りなき懐旧の情を呼び起こして、幾度となく我が心を苦しむ。ああ、いかにしてかこの恨みを銷せむ」と、見事に呼応している。

もちろん末尾の「一点の彼を憎むこころ」は、相沢謙吉に対してのものである。ところが、数週間の船旅の間、彼を憎む心は次第に大きくなり、それは「腸日ごとに九廻すとも言ふべき惨痛」となるのである。豊太郎の心に巣食ったのは「恨み」ではなく、激しい「痛み」なのである。単に相沢謙吉個人に対する恨みであるならば、ここで「痛み」と言い換える必要はない。

では、冒頭に吐露されたこの「恨み」の正体はいったい何なのか？

また豊太郎は果たして有罪か無罪かだが、相沢にエリスとの情交を断つという約束をしたことは明らかに有罪だ。しかし豊太郎は、実際にエリスにそれを告げることができずに意識不明になってしまう。つまり、**実行しなかったという点では、豊太郎は無罪**なのである。

そして、豊太郎が意識を取り戻したときには、エリスは発狂し、すべてが終わってしまっていた。つまり、この「恨み」は何もかもが自分のあずかり知らないところで起こってしまったという、そこから生じた恨みなのである。

## †近代人の苦しみ

話を鷗外に戻そう。

鷗外は、日本への帰国途上のことを日記やエッセイに書き残している。その船中で鷗外は一日中考え続けたに違いない。自分を待ち構えている封建的な世界、自分を取り巻く様々なしがらみ。聡明な鷗外はこれから先に起こるべき事がありありと浮かんできたに違いない。

豊太郎が船中で告白した一点の恨みが、しだいに凝り固まって「腸日ごとに九廻すとも言ふべき惨痛」に変わったのは、鷗外のそれと酷似している。

若い鷗外が帰国した後、その後を追うかのように、エリスという一人の女性がドイツから日本へやってくる。ドイツ名はエリーゼだが、まさに「舞姫」のヒロインと同じ名前だ。そして、家族全員の説得により、鷗外はエリスを帰してしまうのだ。

ここで忘れてはいけないことは、**鷗外が新帰朝者であり、しかも、軍人であったという**
**こと**だ。当時、軍部でもエリス事件が噂になっていた。だから、どうしてもその噂をもみ消す必要があった。

現に、帰国の翌年、赤松男爵の娘と結婚し、エリスはドイツに帰国した。すべてがうまくいったはずだった。

ところが、突然鷗外は誰がどう読もうと主人公が鷗外の分身と思えるような「舞姫」という小説を発表した。しかも、ヒロインの名前までエリス、そこに鷗外の謎があるのだ。

鷗外にとって、ドイツは生涯で唯一の自由な世界だった。まさに自由な風に吹かれて、異国の女性と恋に落ちた。あの自由な空気の中で、若き鷗外は家族を何とか説得できると思っていた。

だが、帰国する船中で、鷗外の憂愁はしだいに深まっていく。何とか説得できると思ったのは、自由なる風の中での錯覚だったのではなかったか。

帰国後、鷗外を待ち構えていたのは、家や国家の重責だった。すべては一瞬の幻で、結局は家や国家から自由になることなどできなかったのである。

家族全員に説得され、断腸の思いでエリスを追い返した。そして、愛していない人と結婚させられた。鷗外はそれをすべて受け入れる。なぜなら、個人の恋愛よりも、家や国家の方が重いからだ。相沢謙吉に言わせれば、一個人の私情に縛られてはいけない、となる。

**だが、鷗外の中に一点の「恨み」が消しがたく残っていたのではないか。それが「舞姫」の冒頭に吐露されているように思える。**

その一点の恨みがやがて鋭い錐となって、たえず鷗外の胸の奥を刺したのではなかったか。

鷗外は家族全員の前で「舞姫」を朗読したと言われている。世間の人は、豊太郎＝鷗外と見なして、鷗外を非難した。「舞姫」発表の代償は、軍部の叱責であり、文学活動停止の圧力であった。

そして、鷗外は子どもを一人残して、赤松登志子と離婚する。

鷗外の中に芽生えた自我は、彼に大きな傷を植え付けたのである。

## †客観的な読解の必要性

人は主観的な生き物であり、それゆえ、何を読んでも、それを主観で再解釈し、結局は自分の狭い価値観や日常的な生活感覚の中で消化してしまうことになる。

その結果、自分の価値観に合うものを面白いとし、それ以外を受け付けようとしない。

それではどんな名作を読んでも、自分の世界を深めることなどできないのだ。


私はある女子高で「舞姫」の感想文を書かせたことがある。

女子高であるせいか、豊太郎の不人気は当然のことながら、悲劇のヒロインであるエリスの評判もまたよろしくない。

豊太郎は「女の敵」であり、エリスは「女の恥」だというのである。

妊娠し、精神に異常をきたしたエリスを捨てた豊太郎を「女の敵」とするのは理解できるのだが、なぜエリスが「女の恥」なのか?

ある生徒の感想文にはこう書いてあった。

エリスは豊太郎のような男を選んだが見る目がなかった、私ならあんな男を選ばない。しかも、捨てられてすがりつくのがみっともない。私なら自分からさっさと別れて、後で慰謝料を請求する。

思わず「なるほど、だから、女の恥なのか」と納得したのだが、ここに今の国語教育の大きな問題点があると思ったのである。

**結局、作品を正確に、客観的に、深く読解することなく、自分の狭い価値観から作品を歪めて解釈し、断罪する。そして、それを個性や独創性だと勘違いする。このような国語教科書の読み方をしている限り、真の学力が身につくはずはないのである。**

### †講義のまとめ

一学期は、評論で論理的な読解力、そして、文学作品で主観を排した、客観的で深い分析力を学習した。この二つの読解力は今後の学習の土台となる。

もう一つ、何よりも重要なのは、この現代という時代を捉えるためには、近代という時代概念を深く理解することが必要なのである。

現代の様々な危機的状況の起因は、すべて近代化が過度に成功したことによるものなのだ。その**近代を理解するための鍵は「自我」**である。「舞姫」は近代的自我に目覚め、また家や国家によりその自我が押しつぶされていく男の物語である。**太田豊太郎の体験を共有することが、現代を理解するために必要であることは言うまでもない。**

# 二学期 自分勝手な「読解」からの解放

丸山眞男「「である」ことと「する」こと」
夏目漱石「こころ」

第一講

# 丸山眞男「「である」ことと「する」こと」

## ――論理的思考を養成するのに最適な教材

丸山眞男（まるやま・まさお）一九一四～一九九六

政治学者、思想史家。東京大学名誉教授。第二次世界大戦後、積極的に発言し、戦後民主主義思想を主導した。著書に『日本の思想』（岩波新書、本作も収録）、『文明論之概略を読む』（上・下巻、岩波新書）、『忠誠と反逆』（ちくま学芸文庫）、『現代政治の思想と構造』（未来社）など。

「目標」

① 論理の基本をよりしっかりと習得する。

② 現代日本の問題点を考える。

## †論理の基本のおさらい

二学期は少々長めの評論から始める。これをあえて全文掲載したのは、ここで論理の基本をしっかりと身につけてもらいたいからである。

**論理の基本は、「イコールの関係」「対立関係」「因果関係」の三つの論理的関係**であるが、この文章はこれらの論理を見事に駆使した名文である。一学期の二つの評論で学習した論理について、ここで再度確認してもらいたい。

もう一つ、大切な主題がある。評論とは、この現代をある角度から語ったものである。複数の評論を真に理解すれば、複数の角度から現代への認識を深めたことになる。

そして、そこから、この現代への思考が始まるのだ。

そういった意味でも、**丸山眞男のこの文章は現代を見事に切ったものであり、評論の醍醐味を十分味わえる**だろう。

## †他者意識と論理

他者に向かって文章を書こうとするとき、感覚は通用しないので自ずと筋道を立てざるを得なくなる。

私たちは文章を客観的に読もうとすれば、自らの主観をいったん括弧にくくり、筆者の立てた筋道を追うことになる。

これが論理的読解であり、本文を正確に理解した後、再び自分に戻り、筆者との対話が始まる。

そうやって論理的思考を養成していくのだ。

そして、「「である」ことと「する」こと」は、そうした論理的思考を養成するのに最適な教材と言えるのである。


教科書に掲載されているこの文章は「権利の上にねむる者」「近代社会における制度の考え方」「業績本位という意味」「日本の急激な「近代化」」「「する」価値と「である」価値との倒錯」「学問や芸術における価値の意味」「価値倒錯を再転倒するために」と、七つの小見出し段落に分けられている。

以下、この段落に沿って、講義を行っていく。

## 権利の上にねむる者

学生時代に末弘《すえひろ》厳太郎《いずたろう》先生から民法の講義をきいたとき「時効」という制度について次のように説明されたのを覚えています。金を借りて催促されないのをいいことにして、ネコババをきめこむ不心得者がトクをして、気の弱い善人の貸し手が結局損をするという結果になるのはずいぶん不人情な話のように思われるけれども、この規定の根拠には、権利の上に長くねむっている者は民法の保護に値しないという趣旨も含まれている、というお話だったのです。この説明に私はなるほどと思うと同時に「権利の上にねむる者」という言葉が妙に強く印象に残りました。いま考えてみると、請求する行為によって時効を中断しない限り、たんに自分は債権者であるという位置に安住していると、ついには債権を喪失するというロジックのなかには、一民法の法理にとどまらないきわめて重大な意味がひそんでいるように思われます。

たとえば、日本国憲法の第十二条を開いてみましょう。そこには「この憲法が国民に保障する自由及び権利は、国民の不断の努力によって、これを保持しなければならない。」と記されてあります。この規定は基本的人権が「人類の多年にわたる自由獲得の努力の成果」であるという憲法第九十七条の宣言と対応しておりまして、自由獲得の歴史的なプロセスを、いわば将来に向かって投射したものだといえるのですが、そこにさきほどの「時効」について見たものと、いちじるしく共通する精神を読みとることは、それほど無理でも困難でもないでしょう。つまり、この憲法の規定を若干読みかえてみますと、「国民はいまや主権者となった、しかし主権者であることに安住して、その権利の行使を怠っていると、ある朝目ざめてみると、もはや主権者でなくなっているといった事態が起こるぞ。」という警告になっているわけなのです。これは大げさな威嚇でもなければ空疎な説教でもありません。それこそナポレオン三世のクーデターからヒットラーの権力掌握に至るまで、最近百年の西欧民主主義の血塗られた道程がさし示している歴史的教訓にほかならないのです。

アメリカのある社会学者が「自由を祝福することはやさしい。それに比べて自由を擁護することは困難である。しかし自由を擁護することに比べて、自由を市民が日々行使することはさらに困難である。」といっておりますが、ここにも基本的に同じ発想があるのです。私たちの社会が自由だ自由だといって、自由であることを祝福している間に、いつの間にかその自由の実質はカラッポになっていないとも限らない。自由は置き物のようにそこにあるのでなく、現実の行使によってだけ守られる、いいかえれば日々自由になろうとすることによって、はじめて自由でありうるということなのです。その意味では近代社会の自由とか権利とかいうものは、どうやら生活の惰性を好む者、毎日の生活さえなんとか安全に過ごせたら、物事の判断などはひとにあずけてもいいと思っている人、あるいはアームチェアから立ち上がるよりもそれに深々とよりかかっていたい気性の持ち主などにとっては、はなはだもって荷やっかいな代物だといえましょう。

国語の教科書には、評論、随筆、小説、詩、短歌、俳句と様々な文章が掲載されているが、当然、評論と小説や詩とでは読み方が異なるし、そこで得られる学力も異なってくる。繰り返しになるが、**評論とは、筆者の主張を不特定多数の読者に向かって論理で説明した文章のこと**である。そこで、**筆者の立てた筋道（論理）を追って、その主張を読み取る**ことになる。

さて、この箇所での筆者の主張とは何か？

## †具体と抽象が論理の鍵

まず「時効」という民法の例から始まるのだが、これには「権利の上に長くねむっている者は民法の保護に値しない」という趣旨が含まれているという。

つまり、債権者であるという位置に安住して、請求するという行為を怠ると、その債権を喪失してしまうというのである。

ここで筆者は「である」と「する」というロジックを持ち出したのだが、それを「一民法の法理にとどまらないきわめて重大な意味がひそんでいる」と述べている。

そこで、当然筆者は時効という民法の話から、より普遍的な話へと論を展開していくことになる。

つまり、具体(A´)→抽象(A)という論理展開を余儀なくされるのだ。

**論理力を鍛えるときは、具体と抽象を意識することが大切である。**

文章を書くのは伝えたいことがあるからで、その主張は個人的なものではなく、多くの人たちに有益なものでなければならない。そこで、筆者の主張は抽象的なものになる。

抽象とは、具体的な事例の共通点を抜き取ること。そして、筆者はその抽象的な主張に対して、不特定多数の読者に向けて論証責任を果たすことになる。

そこで、裏付けとなる具体例や体験を持ち出すわけだが、これらは自ずと具体的な表現となる。

つまり、**筆者の主張（抽象）＝具体例・体験など（具体）**といった**「イコールの関係」**が成り立つのである。

そういった論理を意識して文章を読むことで、初めて論理的な思考力が鍛えられるのだ。

### †主権者の権利とは

二つ目の段落冒頭に、例示の「たとえば」があることに注意。時効の例に続いて、日本国憲法の例を挙げている。

ということは、時効の例と、日本国憲法の例は、論理的に「イコールの関係」にあると言える。

民主主義も主権者であることに安住すると、その権利を失ってしまう。だから、絶えずその権利を行使することで、主権者であり得るわけである。

ここでも「である」と「する」というロジックが成り立っている。

また、もうおわかりだと思うが、三つ目の具体例として、「自由」を挙げている。自由もやはり自由であることに安住するのではなく、日々自由であろうとすることで初めて自由であり得るのだ。

ここでも「である」と「する」のロジックが成り立っているが、まだこれらを抽象化した箇所は現れていない。

## †自由と「する」論理

近代社会における制度の考え方

　自由人という言葉がしばしば用いられています。しかし自分は自由であると信じている人間はかえって、不断に自分の思考や行動を点検したり吟味したりすることを怠りがちになるために、実は自分自身のなかに巣食う偏見からもっとも自由でないことがまれではないのです。逆に、自分が「とらわれている」ことを痛切に意識し、自分の「偏向」性をいつも見つめている者は、なんとかして、ヨリ自由に物事を認識し判断したいという努力をすることによって、相対的に自由になりうるチャンスに恵まれていることになります。制度についてもこれと似たような関係があります。

　民主主義というものは、人民が本来制度の自己目的化――物神化――を不断に警戒し、制度の現実の働き方を絶えず監視し批判する姿勢によって、はじめて生きたものとなりうるのです。それは民主主義という名の制度自体についてなによりあてはまる。つまり自由と同じように民主主義も、不断の民主化によって辛うじて民主主義でありうるような、そうした性格を本質的にもっています。民主主義的思考とは、定義や結論よりもプロセスを重視することだといわれることの、もっとも内奥の意味がそこにあるわけです。

　このように見てくると、債権は行使することによって債権でありうるというロジックは、およそ近代社会の制度やモラル、ないしは物事の判断の仕方を深く規定している「哲学」にまでひろげて考えられるでしょう。

「プディングの味は食べてみなければわからない。」という有名な言葉がありますが、プディングのなかに、いわばその「属性」として味が内在していると考えるか、それとも食べるという現実の行為を通じて、美味かどうかがそのつど検証されると考えるかは、およそ社会組織や人間関係や制度の価値を判定する際の二つの極を形成する考え方だと思います。身分社会を打破し、あらゆるドグマを実験のふるいにかけ、政治・経済・文化などいろいろな領域で「先天的」に通用していた権威にたいして、現実的な機能と効用を「問う」近代精神のダイナミックスは、まさに右のような「である」論理・「である」価値から「する」論理・「する」価値への相対的な重点の移動によって生まれたものです。もしハムレット時代の人間にとって"to be or not to be"が最大の問題であったとするならば、近代社会の人間はむしろ"to do or not to do"という問いがますます大きな関心事になってきたといえるでしょう。

もちろん、「『である』こと」に基づく組織（たとえば血族関係とか、人種団体とか）や価値判断の仕方は将来ともなくなるわけではないし、「『する』こと」の原則があらゆる領域で無差別に謳歌《おうか》されてよいものでもありません。しかし、私たちはこういう二つの図式を想定することによって、そこから具体的な国の政治・経済その他さまざまの社会的領域での「民主化」の実質的な進展の程度とか、制度と思考習慣とのギャップとかいった事柄を測定する一つの基準を得ることができます。そればかりでなく、たとえばある面ではなはだしく非近代的でありながら、他の面ではまたおそろしく過近代的でもある現代日本の問題を、反省する手がかりにもなるのではないでしょうか。

人間は誰しも「偏向」性を持っているもので、真に自由な人などどこにもいない。だから、絶えず自分の中の「偏向」性を痛切に意識している人が相対的に自由になり得る。

これも「する」論理の具体例の一つ。そして、筆者はいよいよ小見出しにある「近代社会における制度」の問題に言及する。

また二つ目の段落にある「制度の自己目的化」とは、本来制度というのは公共のために作られた手段にすぎないのに、いつの間にか制度自体が目的となったこと。物神化も、物や制度が神のように絶対化されること。

つまり、民主主義という制度も、不断の民主化によってかろうじて民主主義であり得るのだから、**自由も民主主義も「である」論理ではなく、「する」論理だと言える**のである。

そして、このロジックは「「哲学」にまでひろげて考えられる」とあるので、次は、哲学の話になると分かる。

こうやって、筆者は次々に具体例を挙げていくのだが、**これらはすべて「イコールの関係」なので、読まなくても内容は予想できる**のである。

四つ目の段落には当然、哲学の例が来る。「プディングの味は食べてみなければわからない」は「する」論理。それに対して、プディングの中に属性として味が内在していると考えるのが、「である」論理。

こうした例を繰り返し挙げながら、筆者はようやくそれらを抽象化した主張を持ち出してくる。これだけ証拠を挙げれば、読者は十分に自分の主張を理解できると判断したからである。

ここで、いくつかの具体例を抽象化した、筆者の主張が提示される。**「である」論理と「する」論理**である。

さらに、筆者はその論理で、近代精神を論じようとする。近代精神のダイナミックスは、「である」論理から、「する」論理への移行にあると指摘するのである。たとえば、**封建時代は士農工商と身分が固定された「である」論理**。それに対して、**近代精神は相対的ではあるが、「する」論理**である。

### †対立関係を意識せよ

さて、ここで押さえておかなければならないのは、「対立関係」である。

筆者が自分の主張を読者に伝えるとき、具体例など、裏付けとなる証拠を列挙するのが

「イコールの関係」ならば、その一方では、あえて反対のものを持ち出す場合がある。たとえば、「男」という概念では、「女」という概念が意識されている。「女」という概念がなければ、そもそも「男」という言葉自体が成り立たないからだ。「近代」という概念は、「前近代」あるいは、「封建時代」という概念を前提として成り立つもので、このように筆者はたえず対立関係を意識して、論を展開することになる。

ここでは、**「である」論理と「する」論理が「対立関係」であることを前提に、さらには「イコールの関係」を駆使して、論を展開しているのである。**

「である」論理と、「する」論理という二つの図式を想定することで、現代日本の問題が見えてくると言うのである。

| | | |
|---|---|---|
| A | 「である」論理・「である」価値 | 前近代 |
| ⇔ | | |
| B | 「する」論理・「する」価値 | 近代 |

そして、現代日本はある面では前近代的でありながら、ある面では過近代的だというの

である。

そこで、**筆者にはこの命題を次に論証する責任が生じたのだ。**

### †因果関係という論理展開

さて、Aという主張を前提に、次のBという主張を述べるとき、**AとBとの間には因果関係が成り立たなければならない。**そうでないと、単なる羅列となって、とても論理的な文章とは言えないからだ。

A 「である」論理から、「する」論理への移行
←だから
B 現代の問題を論じる……前近代・過近代（混乱）

という論理展開が、因果関係である。

今、筆者は「である」論理と「する」論理を前提に、現代の問題を論じていこうというのだから、ここにはA→Bという論理関係が成り立つのである。

## 業績本位という意味

「である」論理から「する」論理への推移は、必ずしも人々がある朝目ざめて突如ものの考え方を変えた結果ではありません。これは、生産力が高まり、交通が発展して社会関係が複雑多様になるにしたがって、家柄とか同族とかいった素性に基づく人間関係にかわって、何かをする目的で――その目的のかぎりでとり結ぶ関係や制度の比重が増してゆくという社会過程の一つの側面にほかならないのです。近代社会を特徴づける社会学者のいわゆる機能集団――会社・政党・組合・教育団体など――の組織は本来的に『する』こと」の原理に基づいています。そうした団体の存在理由が、そもそもある特定の目的活動を離れては考えられないし、団体内部の地位や職能の分化も仕事の必要から生まれたものであるからです。封建社会の君主とちがって、会社の上役や団体のリーダーの「えらさ」は上役であることから発するものでなくて、どこまでも彼の業績が価値を判定する基準となるわけです。

武士は行住坐臥《ぎょうじゅうざが》つねに武士であり、またあらねばならない。しかし会社の課長はそうではない。彼の下役との関係はまるごとの人間関係でなく、仕事という側面についての上下関係だけであるはずです。アメリカ映画などで、勤務時間が終わった瞬間に社長と社員あるいはタイピストとの命令服従関係がふつうの市民関係に一変する光景がしばしば見られますが、これも「『する』こと」に基づく上下関係からすれば当然の事理にすぎないのです。もし日本で必ずしもこういう関係が成立してないとするならば——仕事以外の娯楽や家庭の交際にまで会社の「間柄」がつきまとうとするならば——、職能関係がそれだけ「身分」的になっているわけだといえましょう。

こういう例でおわかりになりますように、「する」社会と「する」論理への移行は、具体的な歴史的発展の過程では、すべての領域に同じテンポで進行するのでもなければ、またそうした社会関係の変化がいわば自動的に人々のものの考え方なり、価値意識を変えてゆくものでもありません。そういう領域による落差、また、同じ領域での組織の論理と、その組織を現実に動かしている人々のモラルのくいちがいということからして、同じ近代社会といってもさまざまのヴァリエーションが生まれてくるわけです。

現代日本にはある面では前近代的な面があるというのは、家柄とか同族といった素性に基づく人間関係で、これは「である」論理だと言える。

それに対して、「する」論理とは、あくまで業績が価値を決定する基準となることである。

そして、**日本の近代はこうした西洋流の「する」論理を過度に取り入れようとした。それが「過近代的」**だったのである。

二つ目の段落で、アメリカ映画の例が挙げられている。社長と社員が、勤務時間が終わった瞬間対等な市民関係に一変するというのは、アメリカ社会が「する」論理に基づいているからである。

それに対して、日本の場合は仕事が終わっても社長と社員という関係が続くので、まだ職能関係が「身分」的になっているわけで、まだ「である」論理が残っていると言えるのである。

このように、近代に入って日本は「する」論理に移行したのだが、**同じ近代社会と言っても、そこにはさまざまなヴァリエーションがあったのである。**

## 日本の急激な「近代化」

「世の中にむづかしきことをする人を貴《たつと》き人といひ、やすきことをする人を賤《いや》しき人といふなり。本を読み、物事を考へて世間のために役に立つことをするはむづかしきことにて……。されば人の貴きと賤しきとの区別はただその人のする仕事のむづかしきとやすきによるものゆゑ、いま大名、公卿《くげ》、さむらひなどとて、馬に乗りたり、大小を挿したり形は立派に見えても、そのはらのなかはあき樽《だる》のやうにがら空きにて……ぽかりぽかりと日を送るものはたいさう世間におほし。なんとこんな人を見て貴き人だの身分の重き人だのといふはずはあるまじ。ただこの人たちは先祖代々から持ち伝へたお金やお米があるゆゑ、あのやうに立派にしてゐるばかりにて、その正味は……賤しき人なり。」——これは福沢諭吉が維新のころ幼児のために書き与えた『日々のをしへ』の一節であります。

ここには、家柄や資産などの「である」価値から「する」価値へという、価値規準の歴史的な変革の意味が、このような素朴な表現のはしにもあざやかに浮き彫りにされております。近代日本のダイナミックな「躍進」の背景には、たしかにこうした「する」価値への転換が作用していたことはうたがいないことです。けれども同時に、日本の近代の「宿命的」な混乱は、一方で「する」価値が猛烈な勢いで浸透しながら、他方では強靭《きょうじん》に「である」価値が根をはり、そのうえ、「する」原理をたてまえとする組織が、しばしば「である」社会のモラルによってセメント化されてきたところに発しているわけなのです。

　伝統的な「身分」が急激に崩壊しながら、他方で自発的な集団形成と自主的なコミュニケーションの発達が妨げられ、会議と討論の社会的基礎が成熟しないときにどういうことになるか。続々とできる近代的組織や制度は、それぞれ多少とも閉鎖的な「部落」を形成し、そこでは「うち」のメンバーの意識と「うちらしく」の道徳が大手をふって通用します。しかも一歩「そと」に出れば、武士とか町人とかの「である」社会の作法はもはや通用しないようなあかの他人との接触がまちかまえている。人々は大小さまざまの「うち」的集団に関係しながら、しかもそれぞれの集団によって「する」価値の浸潤の程度はさまざまなのですから、どうしても同じ人間が「場所柄」に応じていろいろにふるまい方を使い分けなければならなくなります。私たち日本人が「である」行動様式と「する」行動様式とのゴッタ返しのなかで多少ともノイローゼ症状を呈していることは、すでに明治末年に漱石がするどく見抜いていたところです。

---

**引用とは、筆者が自分と同じ意見のまさにその該当箇所を提示することである。**ここでは福沢諭吉の文章を引用しているが、その中身は読まなくても明確に分かっている。引用は、「イコールの関係」なのである。

要は、福沢諭吉も「である」価値から「する」価値への移行を訴えているのだ。

今まで身分社会のために、どんなに努力しても豊かになる可能性がなかった民衆が、狂喜乱舞して猛進した結果、近代日本が躍進したのである。

しかし、「宿命的」な混乱は避けようがなかった。

他方、日本の社会はまだ封建的で、至る所に「である」価値が根をはり、「する」価値を建前とする組織が、「である」社会のモラルによってセメント化、つまり、がっちりと固められていたのである。

以下、筆者は次にこの日本の社会における「混乱」を論証しなければならない。

三つ目の段落は、日本の混乱を論理的に説明している。

本来「する」論理に基づくはずの近代組織や制度では、実質的には「うち」意識とその道徳が大手をふって通用する。

ところが、社会に出ると（特に都会では）、赤の他人同士の接触を余儀なくされ、そこでは「する」論理が支配的なのである。

**私たちは「場所柄」に応じて、「である」論理と「する」論理とを使い分けなければならず、その結果、漱石が指摘したようにノイローゼ症状を呈してしまったのだ。**

### †住居、レジャー、学芸

---

「する」価値と「である」価値との倒錯

やっかいなのは、「『する』こと」の価値に基づく不断の検証がもっとも必要なところでは、それが著しく欠けているのに、他方さほど切実な必要のない面、あるいは世界的に「する」価値のとめどない侵入が反省されようとしているような部面では、かえって効用と能率原理がおどろくべき速度と規模で進展しているという点なのです。

それはとくに大都市の消費文化においてははなはだしいのです。私たちの住居の変化——「である」原理が象徴している床の間付き客間の衰退にかわって、「使う」見地からの台所・居間の進出や家具の機能化——とか、日本式宿屋——ご承知のようにある室の客であることから食事その他あらゆるサービスの享受権が「流れ出」ます。なじみの客ほどそうです——がホテル化していく傾向などはまだそれなりの意味もありましょう。しかしたとえば「休日」や「閑暇」の問題になるとどうだろうか。都会の勤め人や学生にとって休日はもはや静かな憩いと安息の日ではなく、日曜大工から夜行列車のスキーまで、むしろ休日こそおそろしく多忙に「する」日と化しています。最近も「レジャーをいかに使うか」というアンケートをもらったことがあります。レジャーは「『する』こと」からの解放ではなくて、もっとも有効に時間を組織化するのに苦心する問題になったわけです。それだけでありません。学芸のあり方を見れば、そこにはすでにとうとうとして大衆的な効果と卑近な「実用」の規準が押しよせてきている。最近もあるアメリカの知人が、アメリカでは研究者の昇進がますます論文著書の内容よりも、一定期間にいくら多くのアルバイト（引用者注：業績の意味）を出したかで決められる傾向があるというなげきを私に語っていたことがあります。

本来「する」価値が必要とされるところに、「である」価値が侵入し、「である」価値が必要とされるところに、今度は「する」価値が進展している。

**「する」価値と「である」価値の倒錯**である。

筆者はその具体例として、住居、レジャー、学芸を挙げる。

日本の住居には本来床の間などそれ自体価値のある空間が設けられていたが、今の住居は機能重視のものになっている。

休日も本来休息日だったものが、今や忙しくレジャーをするための時間となっている。

学問芸術もいかに優れた研究をするかよりも、何冊本を出版し、マスコミにいかに名が売れているかが大切となっている。

このように**本来「である」価値であるはずのものの中に、「する」価値が進展しているのが、この現代**なのだ。

## 学問や芸術における価値の意味

アンドレ・シーグフリードが『現代』という書物のなかでこういう意味のことをいっております。「教養においては——ここで教養とシーグフリードがいっているのは、いわゆる物知りという意味の教養ではなくて、内面的な精神生活のことをいうのですが——しかるべき手段、しかるべき方法を用いて果たすべき機能が問題なのではなくて、自分について知ること、自分と社会との関係や自然との関係について、自覚をもつこと、これが問題なのだ。」そうして彼はちょうど「である」と「する」という言葉をつかって、教養のかけがえのない個体性が、彼のすることではなくて、彼があるところに、あるという自覚をもとうとするところに軸をおいていることを強調しています。ですから彼によれば芸術や教養は「果実よりは花」なのであり、そのもたらす結果よりもそれ自体に価値があるというわけです。こうした文化での価値規準を大衆の嗜好《しこう》や多数決できめられないのはそのためです。「古典」というものがなぜ学問や芸術の世界で意味をもっているかということがまさにこの問題にかかわってきます。

政治や経済の制度と活動には、学問や芸術の創造活動の源泉としての「古典」にあたるようなものはありません。せいぜい「先例」と「過去の教訓」があるだけであり、それは両者の重大なちがいを暗示しています。政治にはそれ自体としての価値などというものはないのです。政治はどこまでも「果実」によって判定されねばなりません。政治家や企業家、とくに現代の政治家にとって「無為」は価値でなく、むしろ「無能」と連結されてもしかたのない言葉になっています。ところが文化的創造にとっては、なるほど「怠ける」ことは何物をも意味しない。さきほどのアルバイトにしても、なにも寡作であることが立派な学者、立派な芸術家というわけではすこしもない。しかしながら、こういう文化的な精神活動では、休止とは必ずしも怠惰ではない。そこではしばしば「休止」がちょうど音楽における休止符のように、それ自体「生きた」意味をもっています。ですから、この世界で瞑想《めいそう》や静閑がむかしから尊ばれてきたのには、それだけの根拠があり、必ずしもそれを時代おくれの考え方とはいえないと思います。文化的創造にとっては、ただ前へ前へと進むとか、不断に忙しく働いているということよりも、価値の蓄積ということが何より大事だからです。

次に一転して、シーグフリートの文章を引用し、筆者は真の教養とは何かについて述べている。**教養とは、まさに「である」論理に支えられたもの**なのである。

そのもたらす結果よりも、それ自体に価値があるものなのだ。

だから、文化的価値は大衆の思考や多数決では決められない。たとえば、ベストセラーになった本が必ずしも文化的価値があるとは限らないことでも分かるであろう。

## †政治と文化

二つ目の段落、ここでも対立関係に注意。政治や経済と、学問や芸術とが対立関係になっている。

政治や経済が「する」論理に支えられているのに対して、学問や芸術は「である」論理に支えられている。政治や経済はそれ自体に価値があるのではなく、何を「する」かという結果のみが問われるからだ。

それに対して、**文化的創造においては時には休止が生きた意味を持っている。**前に進むことよりも、「価値の蓄積」が何より大事なのである。

†趣旨をつかまえる

## 価値倒錯を再転倒するために

現代のような「政治化」の時代においては、深く内に蓄えられたものへの確信に支えられてこそ、文化の立場からする政治への発言と行動が本当に生きてくるのではないでしょうか。まさにそうした行動によって「である」価値と「する」価値の倒錯――前者の否定しがたい意味をもつ部面に後者がまん延し、後者によって批判されるべきところに前者が居座っているという倒錯を再転倒する道がひらかれるのです。もし私の申しました趣旨が政治的な事柄から文化の問題に移行すると、にわかに「保守的」になったのを怪しむ方があるならば、私は誤解をおそれずに次のように答えるほかはありません。現代日本の知的世界に切実に不足し、もっとも要求されるのは、ラディカル（根底的）な精神的貴族主義がラディカルな民主主義と内面的に結びつくことではないかと。すくなくともそれが、今日お話ししましたような角度から現代を診断する場合に私のいだく正直な感想であります。

**趣旨とは筆者の最終結論のこと**である。

筆者はまず「である」論理と「する」論理を、様々な例を挙げながら説明してきた。そして、それを前提に、筆者は現代の問題に一つの視座を与えようとするのである。

近代とは世の中を急激に「する」論理に変えようとする精神的ダイナミズムに支えられている。「である」論理に支えられた日本社会の体質の中で、急激な近代化がもたらしたものは、「である」価値と「する」価値との混乱、倒錯である。

そこで、筆者は「である」価値に支えられた教養の必要性を持ち出したのである。学問、芸術といった教養は、価値の蓄積こそが何よりも大切なのである。

現代が極度に政治化された世界であるならば、**深く蓄積された文化の立場からの発言、行動によって、「である」価値と「する」価値の倒錯を再転倒しなければならない**、これが筆者の最終結論、つまり、趣旨である。

### †講義のまとめ

評論を読み慣れていない方には難しかったかもしれないが、この文章は教科書の定番、長く多くの高校生が学習してきたものである。

この教材の狙いは明確である。**「イコールの関係」「対立関係」「因果関係」を駆使した論理性の高い文章なので、本来は論理の使い方をこの教材でじっくりと学ぶべきだったのだ。**

実際に、論理の「ろ」の字も知らないような高校生が多く見られるが、いったいこの教材についてどのような教え方をされてきたのだろうかと疑問に思う。

もう一つの眼目は、**現代に対する危機意識をいかに持つのかという点**にあるだろう。現代の問題を考えるとき、近代化という問題を無視することはできない。現代の危機は過度な近代化によってもたらされたからである。

そういった**我々の根本的問題を、「である」論理と「する」論理というロジックで見事に解き明かしている**のだ。

しかも、それだけでなく、真の教養の意味を説き、それによって、現代の倒錯を再転倒するという、ダイナミックで新たな視座を提示したところに、この文章の面白さがあるように思われる。

# 第二講　夏目漱石「こころ」

## ――現代を生きる大人こそが読むべき漱石の「遺言」

**夏目漱石**（なつめ・そうせき）一八六七〜一九一六

小説家、英文学者。帝国大学英文科卒業後、松山中学などで英語を教え、英国に留学。帰国後、一高、東京帝大などで英文学を講義した。一九〇五年に「吾輩は猫である」を発表し、小説家として出発。主な作品に「坊っちゃん」「草枕」「三四郎」などがあり、近代日本文学を代表する作家である。本作「こころ」は一九一四年に朝日新聞に連載された作品で、現在はちくま文庫、新潮文庫など各社の文庫で読むことができる。

「目標」

① 自分の価値観から離れて、作品をしっかりと読む。

② 明治の知識人の「孤独」に触れる。

## †「こころ」の世界

夏目漱石「こころ」は、戦後、ほとんどの教科書が掲載してきた、まさに定番中の定番である。

もちろん、「私」が親友Kを裏切って、Kが好きだったお嬢さんとの結婚を決め、その後Kが自殺してしまうという、恋愛に絡めた衝撃的なストーリーが、思春期にある高校生にとって痛切に感じられる小説である。

だが、私は**「こころ」を理解することは、高校生にとって不可能に近い**と考えている。いや、「こころ」は様々な経験を積んできた大人にこそ読んでほしい小説なのだ。

**「こころ」は人の心の不可思議さを、そっくりそのままつかみ取ろうとした作品**であり、この作品を深いところで鑑賞することは、世界観が揺さぶられるような、衝撃的な体験であるはずである。

それと同時に、**「近代」という時代背景を理解することが、「こころ」の鑑賞において不可欠**である。

一学期の「舞姫」に続いて、ここでは自我の問題も考察してみたい（なお本作品もページ数の関係で、省略して掲載している）。

## †先生の遺書

「こころ」は大正三年の作品である。「先生と私」「両親と私」「先生の遺書」の三章から成り立っている。教科書に掲載されているのは、第三章である「先生の遺書」の一場面である。

「私」（以下、私）は偶然先生と出会い、しだいに惹かれていくのだが、先生は自分のことを「さみしい人間」だと言って憚らない。実際に、社会に対して積極的に働きかけることもなく、ただぶらぶらと暮らしている。先生は奥さんにも心を固く閉ざしている。

そんな先生が一度だけ興奮状態になる場面があるのだが、それは私の父が危険な状態にあると聞いて、先生が私の財産問題について立ち入ったことを聞き出そうとしたときである。

先生は私に「そんな鋳型に入れたような悪人は世の中にあるはずがありませんよ。平生はみんな善人なんです、少なくともみんな普通の人間なんです。それが、いざという間際に、急に悪人に変るんだから恐ろしいのです」と言う。

確かに、世の中に「善い人間」と「悪い人間」がいるなら、「悪い人間」とは関わりを持たなければいいのだから、事は簡単である。ところが、誰もが「普通の人間」なのである。**「普通の人間」がある時突然「悪い人間」に変わるから、人間は油断ができないのだ。**

それともう一つ、先生はかつて善い人だと信じた叔父さんから財産を横領されるという暗い過去を持っていた。だから、人を信用できずに、「さみしい人間」となったのだが、実はそれだけが理由ではなかった。それが第三章の「先生の遺書」で明らかにされる。

私は大学を卒業し、いったんは郷里に帰っていたのだが、父が危篤状態の中で、先生から一通の分厚い手紙が届く。

その手紙を懐に入れて、私は躊躇せずに汽車に飛び乗った。危篤の父親を後に残して東京へと向かうのだから、私と先生との精神的つながりはそれほど強固だったと言える。

第三章はその「先生の遺書」で、そこでは先生自身が「私」となっている。

## †先生の自殺の理由

先生の手紙は、遺書だった。

そこには先生の自殺の理由が告白されているはずだった。

だが、自殺の動機としては、「明治天皇が崩御され、明治という時代が終焉を告げた。私は『明治の精神』に殉死する」という内容しか書かれていなかった。

先生の自殺はあまりにも謎めいている。

いったい「明治の精神」とは何か？

教科書で「こころ」を読んだ高校生の大方は、「先生は若い頃親友のKを裏切ってお嬢さんと結婚をした。そのショックから、Kが自殺する。先生も良心の呵責に駆られて、やがて遺書を残して自殺する」と思い込んでいるし、おそらく教師もそのように教えているかもしれない。

だが、詳細に読んでみると、決してそうは書かれていないのである。

第一、Kへの裏切りが動機ならば、なぜKが自殺したあと、何事もないようにお嬢さんと結婚をしたのか、その後、突然なぜ「明治の精神」に殉死すると自殺したのか、三角関係をその動機と捉えたなら、その理由を説明したことにはならない。

第一、Kがなぜ自殺したのか、その理由さえ分からないではないか。Kは何も言わず、そして、遺書にも何も自殺の動機をも書き残さずに、ひとりぼっちで死んでいったのである。

「こころ」は謎に充ちた作品である。

そして、**推理小説を読むようにその謎を解明していくことが、人間の心の不可思議さを直視することにつながる**のである。

思春期にはそれはどうしても必要なことだし、社会人である私たちにとっても、人間の心を深く洞察することは決して無駄ではないはずである。

### †Kを下宿に呼ぶ

私（若い頃の「先生」）は奥さんとお嬢さんが二人暮らしの所に下宿するようになる。やがて、下宿先のお嬢さんにしだいに惹かれていった。

私の友人にKがいた。Kは「道」のためにはあらゆる犠牲をいとわない、強靭な意志を持っていた。だから、Kは彼を医者にしようとした養父母を欺いて、仕送りを受け取っていたのだ。その裏切りが発覚したとき、養父母はKの仕送りを止め、実の両親も怒ってKを勘当した。

Kは自分に厳しかった。自分に厳しいということは、当然他人にも厳しいわけで、その結果、Kはいつも孤独で、友人と言えば私一人しかいなかったのだ。

私はKを自分の下宿に呼んできた。Kが勘当されて生活費にも困っていただけでなく、奥さんもお嬢さんもいい人で、その中でKの孤独もしだいに癒やされると思ったからである。

ところが、私と奥さんとお嬢さんとの生活の中に、Kが入ることによって、奇妙な緊張状態が新たに生まれたのだ。

最初はかたくなな態度を見せていたKも次第に打ち解けだし、目に見えて明るくなっていく。ところが、お嬢さんとKが仲よさそうに話しているのを見かけるたびに、私の心は穏やかではいられなくなるのだ。

このあたりからが多くの教科書の掲載箇所である。

　Kはなかなか奥さんとお嬢さんの話をやめませんでした。しまいには私も答えられないような立ち入ったことまで聞くのです。私はめんどうよりも不思議の感に打たれました。以前私のほうから二人を問題にして話しかけた時の彼を思い出すと、私はどうしても彼の調子の変わっているところに気がつかずにはいられないのです。私はとうとうなぜ今日に限ってそんなことばかり言うのかと彼に尋ねました。その時彼は突然黙りました。しかし私は彼の結んだ口元の肉が震えるように動いているのを注視しました。彼は元来無口な男でした。平生《へいぜい》から何か言おうとすると、言う前によく口のあたりをもぐもぐさせる癖がありました。彼の唇がわざと彼の意志に反抗するようにたやすく開《あ》かないところに、彼の言葉の重みも籠もっていたのでしょう。いったん声が口を破って出るとなると、その声には普通の人よりも倍の強い力がありました。

　彼の口元をちょっと眺めた時、私はまた何か出てくるなとすぐ感づいたのですが、それがはたしてなんの準備なのか、私の予覚はまるでなかったのです。だから驚いたのです。彼の重々しい口から、彼のお嬢さんに対する切ない恋を打ち明けられた時の私を想像してみてください。私は彼の魔法棒のために一度に化石されたようなものです。口をもぐもぐさせる働きさえ、私にはなくなってしまったのです。

その時の私は恐ろしさの塊と言いましょうか、または苦しさの塊と言いましょうか、なにしろ一つの塊でした。石か鉄のように頭から足の先までが急に堅くなったのです。呼吸をする弾力性さえ失われたくらいに堅くなったのです。幸いなことにその状態は長く続きませんでした。私は一瞬間の後《のち》に、また人間らしい気分を取り戻しました。そうして、すぐしまったと思いました。先《せん》を越されたなと思いました。

しかしその先をどうしようという分別はまるで起こりません。恐らく起こるだけの余裕がなかったのでしょう。私は腋《わき》の下から出る気味の悪い汗がシャツにしみとおるのをじっと我慢して動かずにいました。Kはその間いつものとおり重い口を切っては、ぽつりぽつりと自分の心を打ち明けてゆきます。私は苦しくってたまりませんでした。恐らくその苦しさは、大きな広告のように、私の顔の上にはっきりした字で貼り付けられてあったろうと私は思うのです。いくらKでもそこに気のつかないはずはないのですが、彼はまた彼で、自分のことに一切を集中しているから、私の表情などに注意する暇がなかったのでしょう。彼の自白は最初から最後まで同じ調子で貫いていました。重くてのろい代わりに、とても容易なことでは動かせないという感じを私に与えたのです。私の心は半分その自白を聞いていながら、半分どうしようどうしようという念に絶えずかき乱されていましたから、細かい点になるとほとんど耳へ入らないと同様でしたが、それでも彼の口に出す言葉の調子だけは強く胸に響きました。そのために私は前言った苦痛ばかりでなく、時には一種の恐ろしさを感ずるようになったのです。つまり相手は自分より強いのだという恐怖の念がきざし始めたのです。

---

後で述べるが、Kはかつて向上心のないものは馬鹿だ、恋愛なんか、馬鹿のすることだと言い切ったことがあった。そんなKがお嬢さんを好きになったのだ。自分でもどうしようもなく、苦しくて苦しくて仕方がなくて、私に救いを求めるように告白したのである。「彼の自白は最初から最後まで同じ調子で貫いていました。重くてのろい代わりに、とても容易なことでは動かせないという感じを私に与えたのです」

Kの言葉はあまりにも重たく、思い詰めた調子だったので、私は一種の恐怖を感じざるを得なかった。

さらに、Kの告白はあまりにも突然で、私には何の予感も準備もなかったので、私は一瞬化石のように固まってしまったのである。

ここで私が自分の気持ちを正直に語ったら、後の悲劇は未然に防げたかもしれない。だが、作品はそう書かれていないのである。

私は心の中でどうしようどうしようと反復するだけで、そのうち「相手は自分より強いのだという恐怖の念がきざし始めた」のである。

## †ふすま一枚の厚い壁

二人は各自《めいめい》の部屋に引き取ったぎり顔を合わせませんでした。Kの静かなことは朝と同じでした。私もじっと考え込んでいました。

私は当然自分の心をKに打ち明けるべきはずだと思いました。しかしそれにはもう時機が遅れてしまったという気も起こりました。なぜさっきKの言葉を遮って、こっちから逆襲しなかったのか、そこが非常な手抜かりのように見えてきました。せめてKの後に続いて、自分は自分の思うとおりをその場で話してしまったら、まだよかったろうにとも考えました。Kの自白に一段落がついた今となって、こっちからまた同じことを切り出すのは、どう思案しても変でした。私はこの不自然に打ち勝つ方法を知らなかったのです。私の頭は悔恨に揺られてぐらぐらしました。

私はKが再び仕切りの襖《ふすま》を開けて向こうから突進してきてくれればいいと思いました。私に言わせれば、さっきはまるで不意打ちにあったも同じでした。私にはKに応ずる準備も何もなかったのです。私は午前に失ったものを、今度は取り戻そうという下心を持っていました。それで時々目を上げて、襖を眺めました。しかしその襖はいつまでたっても開《あ》きません。そうしてKは永久に静かなのです。

そのうち私の頭はだんだんこの静かさにかき乱されるようになってきました。Kは今襖の向こうで何を考えているだろうと思うと、それが気になってたまらないのです。普段もこんなふうにお互いが仕切り一枚を間に置いて黙り合っている場合は始終あったのですが、私はKが静かであればあるほど、彼の存在を忘れるのが普通の状態だったのですから、その時の私はよほど調子が狂っていたものと見なければなりません。それでいて私はこっちから進んで襖を開けることができなかったのです。いったん言いそびれた私は、また向こうから働きかけられる時機を待つよりほかにしかたがなかったのです。

その日の夜のことである。

二人の部屋は下宿屋の二階で、隣り合わせである。薄いふすま一枚で遮られ、それぞれが自分の部屋で今日のことをじっと考え込んでいた。

このふすま一枚の壁が「こころ」という作品の主題に大きく関わっているように、私には思える。

あの時は、不意打ちを食らったようなもので、とっさにその場で自分のお嬢さんに対する気持ちを告げることはできなかったのだ。

「Kの自白に一段落がついた今となって、こっちからまた同じことを切り出すのは、どう思案しても変でした。私はこの不自然に打ち勝つ方法を知らなかったのです」

結局、自分がお嬢さんを愛していたとは、それを告げる機会を失ってしまった今、とても打ち明ける勇気を持てなかった。

「私はKが再び仕切りの襖を開けて向こうから突進してきてくれればいいと思いました。私に言わせれば、さっきはまるで不意打ちにあったも同じでした。私にはKに応ずる準備も何もなかったのです」

この時、私がKと真摯に向き合い、自分の真情を吐露していれば、後にKが自殺することはなかったかもしれない。

だが、二人はふすま一枚を挟んで、互いに息を凝らしていたのである。「私はこっちから進んで襖を開けることができなかったのです。いったん言いそびれた私は、また向こうから働きかけられる時機を待つよりほかにしかたがなかったのです」

私はふすまの奥にいるKの気配をじっとうかがっている。普段はこのふすまは閉じられているが、何かの時はいつでもこのふすまを開けて、私とKとはお互いに出入りすることができる。

ところが、今はこのふすまは閉じられたままである。

私とKの、ふすま一枚隔てた心理的葛藤がまだ続く。

---

私は遅くなるまで暗い中で考えていました。無論一つ問題をぐるぐる回転させるだけで、他になんの効力もなかったのです。私は突然Kが今隣の部屋で何をしているだろうと思い出しました。私は半ば無意識においと声を掛けました。すると向こうでもおいと返事をしました。Kもまだ起きていたのです。私はまだ寝ないのかと襖越しに聞きました。もう寝るという簡単な挨拶がありました。何をしているのだと私は重ねて問いました。今度はKの答えがありません。その代わり五、六分たったと思う頃に、押し入れを

がらりと開けて、床を延べる音が手に取るように聞こえました。私はもう何時かとまた尋ねました。Kは一時二十分だと答えました。やがてランプをふっと吹き消す音がして、うちじゅうが真っ暗なうちに、しんと静まりました。

しかし私の目はその暗い中でいよいよさえてくるばかりです。私はまた半ば無意識な状態で、おいとKに声を掛けました。Kも以前と同じような調子で、おいと答えました。私は今朝彼から聞いたことについて、もっと詳しい話をしたいが、彼の都合はどうだと、とうとうこっちから切り出しました。私は無論襖越しにそんな談話を交換する気はなかったのですが、Kの返答だけは即座に得られることと考えたのです。ところがKはさっきから二度おいと呼ばれて、二度おいと答えたような素直な調子で、今度は応じません。そうだなあと低い声で渋っています。私はまたはっと思わせられました。

私から、もっと詳しい話をしたいと声をかけたのだが、Kは「そうだなあ」と言ったきり、それ以上返答がない。

私はKが何を考えているのか分からず、途方に暮れるばかりだった。

Kは何かを深く考え込んでいる。Kの性格を考えるとき、ただ自分のお嬢さんに対する気持ちを告げたかったわけではないと分かる。

Kも苦しかったのだ。なぜなら、後ほど出てくるが、**Kは精進といって、歯を食いしばって「道」を求める生き方を貫いてきた。だから、彼にとって恋愛感情はそれだけで迷いに他ならなかった**のである。ここを押さえておかないと、Kの自殺の理由は分からない。

### †Kとの対決

突然、Kが図書館にいる私を訪ねてきた。

Kは私と何か話をしようと思ったのだ。

---

二人は別に行く所もなかったので、竜岡町《たつおかちょう》から池《いけ》の端《はた》へ出て、上野の公園の中へ入りました。その時彼は例の事件について、突然向こうから口を切りました。前後の様子を総合して考えると、Kはそのために私をわざわざ散歩に引っ張り出したらしいのです。けれども彼の態度はまだ実際的の方面へ向かってちっとも進んでいませんでした。彼は私に向かって、ただ漠然と、どう思うと言うのです。どう思うというのは、そうした恋愛の淵《ふち》に陥った彼を、どんな目で私が眺めるかという質問なのです。一言《いちごん》で言うと、彼

は現在の自分について、私の批判を求めたいようなのです。そこに私は彼の平生と異なる点を確かに認めることができたと思いました。たびたび繰り返すようですが、彼の天性は他《ひと》の思わくをはばかるほど弱くできあがってはいなかったのです。こうと信じたら一人でどんどん進んでゆくだけの度胸もあり勇気もある男なのです。養家事件でその特色を強く胸のうちに彫り付けられた私が、これは様子が違うと明らかに意識したのは当然の結果なのです。

私がKに向かって、この際なんで私の批評が必要なのかと尋ねた時、彼はいつもにも似ない悄然《しょうぜん》とした口調で、自分の弱い人間であるのが実際恥ずかしいと言いました。そうして迷っているから自分で自分が分からなくなってしまったので、私に公平な批評を求めるより他にしかたがないと言いました。私はすかさず迷うという意味を聞きただしました。彼は進んでいいか退いていいか、それに迷うのだと説明しました。私はすぐ一歩先へ出ました。そうして退こうと思えば退けるのかと彼に聞きました。すると彼の言葉がそこで不意に行き詰まりました。彼はただ苦しいと言っただけでした。実際彼の表情には苦しそうなところがありありと見えていました。もし相手がお嬢さんでなかったならば、私はどんなに彼に都合のいい返事を、その渇き切った顔の上に慈雨のごとく注いでやったか分かりません。私はそのくらいの美しい同情を持って生まれてきた人間と自分ながら信じています。しかしその時の私は違っていました。

この場面では、昨晩と異なり、一転私が有利な地位にいる。

「なんで私の批評が必要なのかと尋ねた時、彼はいつもにも似ない悄然とした口調で、自分の弱い人間であるのが実際恥ずかしいと言いました。そうして迷っているから自分で自分が分からなくなってしまったので、私に公平な批評を求めるより他にしかたがないと言いました」

Kが迷っているのは、お嬢さんが自分のことをどう思っているかではない。問題はそこにあるのではなく、精進している自分が人を好きになってしまった、そのことの是非なのである。それは今までのKにとって「迷い」であり、「堕落」に他ならない。

そう信じていても、Kは自分の気持ちをコントロールできないでいる。それほどお嬢さんを深く愛してしまったのだ。

ところが、**私はそこにKの弱点を発見した**のである。

「私はすぐ一歩先へ出ました。そうして退こうと思えば退けるのかと彼に聞きました。すると彼の言葉がそこで不意に行き詰まりました。彼はただ苦しいと言っただけでした。実際彼の表情には苦しそうなところがありありと見えていました」

**ここに描かれているのは、まさに人間の心の不可思議さである。**

人間には鋳型にはまったような悪い人間がいるのではない。みんな普通の人間なのだが、それが突然悪い人間になるのだから、人間は油断ができない。

かつて先生が学生である「私」に言ったのは、財産を横領した叔父のことだけではなく、脳裏には自分自身の過去があったのだ。

## †とどめを刺す言葉

私はちょうど他流試合でもする人のようにKを注意して見ていたのです。私は、私の目、私の心、私の体、すべて私という名のつくものを五分の隙間もないように用意して、Kに向かったのです。罪のないKは穴だらけというよりむしろ明け放しと評するのが適当なくらいに無用心でした。私は彼自身の手から、彼の保管している要塞の地図を受け取って、彼の目の前でゆっくりそれを眺めることができたも同じでした。

Kが理想と現実の間に彷徨《ほうこう》してふらふらしているのを発見した私は、ただ一打ちで彼を倒すことができるだろうという点にばかり目をつけました。そうしてすぐ彼の虚につけ込んだのです。私は彼に向かって急に厳粛な改まった態度を示し出しました。無論策略からですが、その態度に相応するくらいな緊張した気分もあったのですから、自分に滑稽だの羞恥だのを感ずる余裕はありませんでした。私はまず「精神的に向上心のないものは馬鹿だ。」と言い放ちました。これは二人で房州を旅行している際、Kが私に向かって使った言葉です。私は彼の使ったとおりを、彼と同じような口調で、再び彼に投げ返したのです。しかしけっして復讐《ふくしゅう》ではありません。私は復讐以上に残酷な意味を持っていたということを自白します。私はその一言《いちごん》でKの前に横たわる恋の行く手を塞ごうとしたのです。

Kは真宗寺《しんしゅうでら》に生まれた男でした。しかし彼の傾向は中学時代からけっして生家の宗旨に近いものではなかったのです。教義上の区別をよく知らない私が、こんなことを言う資格に乏しいのは承知していますが、私はただ男女《なんにょ》に関係した点についてのみ、そう認めていたのです。Kは昔から精進という言葉が好きでした。私はその言葉の中に、禁欲という意味もこもっているのだろうと解釈していました。しかし後で実際を聞いてみると、それよりもまだ厳重な意味が含まれているので、私は驚きました。道のためにはすべてを犠牲にすべきものだというのが彼の第一信条なのですから、摂欲や禁欲は無論、たとい欲を離れた恋そのものでも道の妨害《さまたげ》になるのです。Kが自活生活をしている時分に、私はよく彼から彼の主張を聞かされたのでした。その頃からお嬢さんを思っていた私は、勢いどうしても彼に反対しなければならなかったのです。私が反対すると、彼はいつでも気の毒そうな顔をしました。そこには同情よりも侮蔑のほうが余計に現れていました。

こういう過去を二人の間に通り抜けてきているのですから、精神的に向上心のないものは馬鹿だという言葉は、Kにとって痛いに違いなかったのです。しかし前にも言ったとおり、私はこの一言で、彼がせっかく積み上げた過去を蹴散らしたつもりではありません。かえってそれを今までどおり積み重ねてゆかせようとしたのです。それが道に達しようが、天に届こうが、私は構いません。私はただKが急に生活の方向を転換して、私の利害と衝突するのを恐れたのです。要するに私の言葉は単なる利己心の発現でした。

「精神的に向上心のないものは、馬鹿だ。」

私は二度同じ言葉を繰り返しました。そうして、その言葉がKの上にどう影響するかを見つめていました。

「馬鹿だ。」とやがてKが答えました。「僕は馬鹿だ。」
Kはぴたりとそこへ立ち止まったまま動きません。彼は地面の上を見つめています。私は思わずぎょっとしました。私にはKがその刹那に居直り強盗のごとく感ぜられたのです。しかしそれにしては彼の声がいかにも力に乏しいということに気がつきました。私は彼の目づかいを参考にしたかったのですが、彼は最後まで私の顔を見ないのです。そうして、そろそろとまた歩き出しました。

---

私がKに最後のとどめを刺そうと、慎重に選んだのが、**かつてK自身が私に投げかけた「精神的に向上心のないものは馬鹿だ」という言葉**だった。

この言葉の意味は、誰かを好きになったときのことを思い浮かべれば分かるはずである。「あの人は自分のことをどう思っているだろうか」「なぜあの人はあんなことを言ったのだろう」「もしかすると、自分にも少しは脈があるのだろうか」と、頭の中では同じ所をぐるぐると回り続けている。

かつて「道」を求めていたKは、恋をしている人間など「精神的に向上心のないものは馬鹿だ」と切って捨てた。そんなKが今度はお嬢さんのことを思って苦しんでいる。

今度はKは自分自身の言葉によって切り返されたわけだから、完全に逃げ場をなくしてしまったに違いない。

「「馬鹿だ。」とやがてKが答えました。「僕は馬鹿だ。」」

Kはぴたりとそこへ立ち止まったまま動きません」

この辺りも、Kの自殺の動機につながるものとして、慎重に読み取らなければならない。

## †「覚悟」という言葉

私はKと並んで足を運ばせながら、彼の口を出る次の言葉を腹の中で暗に待ち受けました。あるいは待ち伏せと言ったほうがまだ適当かもしれません。その時の私はたといKをだまし打ちにしても構わないくらいに思っていたのです。しかし私にも教育相当の良心はありますから、もし誰か私のそばへ来て、おまえは卑怯《ひきょう》だと一言《ひとこと》ささやいてくれるものがあったなら、私はその瞬間に、はっと我に立ち返ったかもしれません。もしKがその人であったなら、私はおそらく彼の前に赤面したでしょう。ただKは私をたしなめるにはあまりに正直でした。あまりに単純でした。あまりに人格が善良だったのです。目のくらんだ私は、そこに敬意を払うことを忘れて、かえってそこにつけ込んだのです。

そこを利用して彼を打ち倒そうとしたのです。

Kはしばらくして、私の名を呼んで私のほうを見ました。今度は私のほうで自然と足を止めました。するとKも止まりました。私はその時やっとKの目を真向きに見ることができたのです。Kは私より背の高い男でしたから、私は勢い彼の顔を見上げるようにしなければなりません。私はそうした態度で、狼《おおかみ》のごとき心を罪のない羊に向けたのです。

「もうその話はやめよう。」と彼が言いました。彼の目にも彼の言葉にも変に悲痛なところがありました。私はちょっと挨拶ができなかったのです。するとKは、「やめてくれ。」と今度は頼むように言い直しました。私はその時彼に向かって残酷な答えを与えたのです。狼が隙を見て羊の咽喉笛《のどぶえ》へ食らいつくように。

「やめてくれって、僕が言い出したことじゃない、もともと君のほうから持ち出した話じゃないか。しかし君がやめたければ、やめてもいいが、ただ口の先でやめたってしかたがあるまい。君の心でそれをやめるだけの覚悟がなければ。いったい君は君の平生の主張をどうするつもりなのか。」

私がこう言った時、背の高い彼は自然と私の前に萎縮して小さくなるような感じがしました。彼はいつも話すとおりすこぶる強情な男でしたけれども、一方ではまた人一倍の正直者でしたから、自分の矛盾などをひどく非難される場合には、けっして平気でいられないたちだったのです。私は彼の様子を見てようやく安心しました。すると彼は卒然「覚悟?」と聞きました。そうして私がまだなんとも答えない先に「覚悟、——覚悟ならないこともない。」と付け加えました。彼の調子は独り言のようでした。また夢の中の言葉のようでした。

私は利己心から、Kを言葉でもって斬りつけたのだが、K自身は私の魂胆を見抜くにはあまりにも善良だった。私から「迷い」を指摘されたKは、自分の心の奥深いところを凝視し続けたのだろう。

苦しくなったKは「もうその話はやめよう」「やめてくれ」と懇願するように言う。ところが、私はここぞとばかり「しかし君がやめたければ、やめてもいいが、ただ口の先でやめたってしかたがあるまい。君の心でそれをやめるだけの覚悟がなければ。いったい君は君の平生の主張をどうするつもりなのか」と斬りかかる。

ここで、「やめる」の内実がすり替わっていることにも注意したい。Kがやめてくれと言ったのはあくまで「話」であるのに対して、私が「やめるだけの覚悟」と言ったのは、お嬢さんのことである。

「すると彼は卒然「覚悟?」と聞きました。そうして私がまだなんとも答えない先に「覚悟、——覚悟ならないこともない」と付け加えました。彼の調子は独り言のようでした。また夢の中の言葉のようでした」

実は、私はこの「覚悟」という言葉を、お嬢さんとの関係をさらに推し進める「覚悟」と捉えたのである。それは自殺する「覚悟」だったとも知らずに。

**†ふすまが再び開けられた**

私はほどなく穏やかな眠りに落ちました。しかし突然私の名を呼ぶ声で目を覚ましました。見ると、間の襖《ふすま》が二尺ばかり開《あ》いて、そこにKの黒い影が立っています。そうして彼の部屋には宵のとおりまだあかりがついているのです。急に世界の変わった私は、少しの間口をきくこともできずに、ぼうっとして、その光景を眺めていました。

その時Kはもう寝たのかと聞きました。Kはいつでも遅くまで起きている男でした。

私は黒い影法師のようなKに向かって、何か用かと聞き返しました。Kは大した用でもない、ただもう寝たか、まだ起きているかと思って、便所へ行ったついでに聞いてみただけだと答えました。Kはランプの灯を背中に受けているので、彼の顔色や目つきは、全く私には分かりませんでした。けれども彼の声は普段よりもかえって落ち着いていたくらいでした。

Kはやがて開けた襖をぴたりと立て切りました。私の部屋はすぐ元の暗闇に帰りました。私はその暗闇より静かな夢を見るべくまた目を閉じました。私はそれぎり何も知りません。しかし翌朝《よくあさ》になって、昨夕《ゆうべ》のことを考えてみると、なんだか不思議でした。私はことによると、すべてが夢ではないかと思いました。それで飯を食う時、Kに聞きました。Kは確かに襖を開けて私の名を呼んだと言います。なぜそんなことをしたのかと尋ねると、別にはっきりした返事もしません。調子の抜けた頃になって、近頃は熟睡ができるのかとかえって向こうから私に問うのです。私はなんだか変に感じました。

その日はちょうど同じ時間に講義の始まる時間割になっていたので、二人はやがていっしょにうちを出ました。今朝から昨夕のことが気にかかっている私は、途中でまたKを追窮しました。けれどもKはやはり私を満足させるような答えをしません。私はあの事件について何か話すつもりではなかったのかと念を押してみました。Kはそうではないと強い調子で言い切りました。昨日上野で「その話はもうやめよう。」と言ったではないかと注意するごとくにも聞こえました。Kはそういう点にかけて鋭い自尊心を持った男なのです。ふとそこに気のついた私は突然彼の用いた「覚悟」という言葉を連想し出しました。すると今までまるで気にならなかったその二字が妙な力で私の頭を抑え始めたのです。

---

私とKは薄いふすま一枚に隔てられて、それぞれがそれぞれのことを思っている。そして、自分の本心を吐露しようとも、相手の心情を理解しようともしない。

私はKを出し抜こうと周到に準備していたからであり、KはKで「道」を貫くことができない自分に苦悶して、あまりにも無防備だったからである。

ところが、今、そのふすまがすっと開けられた。そこにはKの黒い影が立っていた。Kはおそらく何かを話したかったに違いない。

だが、ふすまは再びぴたりと閉められた。

**「こころ」の謎を解く鍵は、Kの自殺の動機**である。ここで、Kが私から裏切られる以前に、「覚悟」という言葉を用いていることに注意したい。「ふとそこに気のついた私は突然彼の用いた「覚悟」という言葉を連想し出しました。すると今までまるで気にならなかったその二字が妙な力で私の頭を抑え始めたのです」とあるように、**この「覚悟」という言葉が、私の次の行動のきっかけともなっているの**である。

## †人生を決定する一瞬

奥さんと二人きりになる機会をうかがっていた私は、ある日仮病を使い、奥さんにKが近頃何か言わなかったかと聞いてみた。奥さんは「あなたには何かおっしゃったんですか」と、逆に聞き返した。その次の場面である。

　Kから聞かされた打ち明け話を、奥さんに伝える気のなかった私は、「いいえ。」と言ってしまった後で、すぐ自分のうそを快からず感じました。しかたがないから、別段何も頼まれた覚えはないのだから、Kに関する用件ではないのだと言い直しました。奥さんは「そうですか。」と言って、後を待っています。私はどうしても切り出さなければならなくなりました。私は突然「奥さん、お嬢さんを私にください。」と言いました。奥さんは私の予期してかかったほど驚いた様子も見せませんでしたが、それでもしばらく返事ができなかったものと見えて、黙って私の顔を眺めていました。一度言い出した私は、いくら顔を見られても、それに頓着などはしていられません。「ください、ぜひください。」と言いました。「私の妻としてぜひください。」と言いました。奥さんは年を取っているだけに、私よりもずっと落ち着いていました。「あげてもいいが、あんまり急じゃありませんか。」と聞くのです。私が「急にもらいたいのだ。」とすぐ答えたら笑い出しました。そうして「よく考えたのですか。」と念を押すのです。私は言い出したのは突然でも、考えたのは突然でないというわけを強い言葉で説明しました。

それからまだ二つ三つの問答がありましたが、私はそれを忘れてしまいました。男のようにはきはきしたところのある奥さんは、普通の女と違ってこんな場合にはたいへん心持ちよく話のできる人でした。「よござんす、さしあげましょう。」と言いました。「さしあげるなんていばった口のきける境遇ではありません。どうぞもらってください。ご存じのとおり父親のない哀れな子です。」と後では向こうから頼みました。

「お嬢さんを私にください」という一言が、私、K、お嬢さん、奥さんの運命を変えてしまったのである。

漱石文学には、時間に関する不思議な捉え方がある。

**時間は確かに等間隔に流れているけれど、人生を決定する一瞬があるのだ。**その瞬間には時間が流れず、全生涯を支配してしまう。

しかし、その瞬間がいつなのかは誰にも分からず、後になって初めて気がつくのである。

### †良心の復活

Kに対する私の良心が復活したのは、私がうちの格子を開けて、玄関から座敷へ通る時、すなわち例のごとく彼の部屋を抜けようとした瞬間でした。彼はいつものとおり机に向かって書見をしていました。彼はいつものとおり書物から目を離して、私を見ました。しかし彼はいつものとおり今帰ったのかとは言いませんでした。彼は「病気はもういいのか、医者へでも行ったのか。」と聞きました。私はその刹那に、彼の前に手を突いて、謝りたくなったのです。しかも私の受けたその時の衝動はけっして弱いものではなかったのです。もしKと私がたった二人曠野《こうや》の真ん中にでも立っていたならば、私はきっと良心の命令に従って、その場で彼に謝罪したろうと思います。しかし奥には人がいます。私の自然はすぐそこで食い止められてしまったのです。そうして悲しいことに永久に復活しなかったのです。

夕飯《ゆうめし》の時Kと私はまた顔を合わせました。なんにも知らないKはただ沈んでいただけで、少しも疑い深い目を私に向けません。なんにも知らない奥さんはいつもよりうれしそうでした。私だけがすべてを知っていたのです。私は鉛のような飯を食いました。その時お嬢さんはいつものようにみんなと同じ食卓に並びませんでした。奥さんが催促すると、次の部屋でただいまと答えるだけでした。それをKは不思議そうに聞いていました。しまいにどうしたのかと奥さんに尋ねました。奥さんはおおかたきまりが悪いのだろうと言って、ちょっと私の顔を見ました。Kはなお不思議そうに、なんできまりが悪いのかと追窮しにかかりました。奥さんは微笑しながらまた私の顔を見るのです。


私は本来善良な人間、少なくとも普通の人間であったはずである。恋のために、突然悪い人間になったのだ。だが、決して良心をなくしたわけではなかった。

「彼は「病気はもういいのか、医者へでも行ったのか。」と聞きました。私はその刹那に、彼の前に手を突いて、謝りたくなったのです。しかも私の受けたその時の衝動はけっして弱いものではなかったのです」

この時人生を支配しているのは偶然だったかもしれない。もし、この時私とKが二人きりで、私が手をついて謝っていたなら、この後のKの自殺は違った展開になっていたかもしれない。

だが、この時、奥に人がいたのであり、Kはこの時点ではお嬢さんとの結婚はまだ知らされてなかったのだ。

## †Kの孤独

五、六日たった後、奥さんは突然私に向かって、Kにあのことを話したかと聞くのです。私はまだ話さないと答えました。するとなぜ話さないのかと、奥さんが私をなじるのです。私はこの問いの前に固くなりました。その時奥さんが私を驚かした言葉を、私は今でも忘れずに覚えています。

「道理で私が話したら変な顔をしていましたよ。あなたもよくないじゃありませんか。平生あんなに親しくしている間柄だのに、黙って知らん顔をしているのは。」

私はKがその時何か言いはしなかったかと奥さんに聞きました。奥さんは別段なんにも言わないと答えました。しかし私は進んでもっと細かいことを尋ねずにはいられませんでした。奥さんはもとより何も隠すわけがありません。大した話もないがと言いながら、一々Kの様子を語って聞かせてくれました。

奥さんの言うところを総合して考えてみると、Kはこの最後の打撃を、最も落ち着いた驚きをもって迎えたらしいのです。Kはお嬢さんと私との間に結ばれた新しい関係について、最初はそうですかとただ一口言っただけだったそうです。しかし奥さんが、「あなたも喜んでください。」と述べた時、彼は初めて奥さんの顔を見て微笑をもらしながら、「おめでとうございます。」と言ったまま席を立ったそうです。そうして茶の間の障子を開ける前に、また奥さんを振り返って、「結婚はいつですか。」と聞いたそうです。それから「何かお祝いを上げたいが、私は金がないから上げることができません。」と言ったそうです。奥さんの前に座っていた私は、その話を聞いて胸が塞がるような苦しさを覚えました。

さて、この場面もKの自殺の動機に関わる箇所だから、慎重に読み進めていかなければならない。

Kの自殺が、私の裏切り、そして、失恋のショックからのものなのかどうか。

Kは奥さんの口から、私とお嬢さんとの結婚を聞かされた。Kは「おめでとうございます」といい、「何かお祝いを上げたいが、私は金がないから上げることができません」と言った。

この言葉に偽りはない。少なくとも、**この時のKの表情には私に対する恨みの念は表れていない。**

それどころか、「何かお祝いを上げたいが、私は金がないから上げることができません」といった言葉には、**Kの寂しさが読み取れる**のだが、どうだろうか？

### †Kの自殺

勘定してみると奥さんがKに話をしてからもう二日余りになります。その間Kは私に対して少しも以前と異なった様子を見せなかったので、私は全くそれに気がつかずにいたのです。彼の超然とした態度はたとい外観だけにもせよ、敬服に値すべきだと私は考えました。彼と私を頭の中で並べてみると、彼のほうがはるかに立派に見えました。

「おれは策略で勝っても人間としては負けたのだ。」という感じが私の胸に渦巻いて起こりました。私はその時さぞKが軽蔑していることだろうと思って、一人で顔を赤らめました。しかし今さらKの前に出て、恥をかかせられるのは、私の自尊心にとって大いな苦痛でした。

　私が進もうかよそうかと考えて、ともかくも明くる日まで待とうと決心したのは土曜の晩でした。ところがその晩に、Kは自殺して死んでしまったのです。私は今でもその光景を思い出すとぞっとします。いつも東枕で寝る私が、その晩に限って、偶然西枕に床を敷いたのも、何かの因縁かもしれません。私は枕元から吹き込む寒い風でふと目を覚ましたのです。見ると、いつも立て切ってあるKと私の部屋との仕切りの襖が、この間の晩と同じくらい開《あ》いています。けれどもこの間のように、Kの黒い姿はそこには立っていません。私は暗示を受けた人のように、床の上に肘を突いて起き上がりながら、きっとKの部屋をのぞきました。ランプが暗くともっているのです。それで床も敷いてあるのです。しかし掛け布団ははね返されたように裾のほうに重なり合っているのです。そうしてK自身は向こうむきに突っ伏しているのです。

　私はおいと言って声を掛けました。しかしなんの答えもありません。おいどうかしたのかと私はまたKを呼びました。それでもKの体はちっとも動きません。私はすぐ起き上がって、敷居際まで行きました。そこから彼の部屋の様子を、暗いランプの光で見回してみました。

その時私の受けた第一の感じは、Kから突然恋の自白を聞かされた時のそれとほぼ同じでした。私の目は彼の部屋の中を一目見るや否や、あたかもガラスで作った義眼のように、動く能力を失いました。私は棒立ちに立ちすくみました。それが疾風のごとく私を通過したあとで、私はまたああしまったと思いました。もう取り返しがつかないという黒い光が、私の未来を貫いて、一瞬間に私の前に横たわる全生涯をものすごく照らしました。そうして私はがたがた震え出したのです。

Kの自殺の場面も象徴的である。

「私は枕元から吹き込む寒い風でふと目を覚ましたのです。見ると、いつも立て切ってあるKと私の部屋との仕切りの襖が、この間の晩と同じくらい開いています」

とあることから、Kが自殺する前に、このふすまを開けたことが分かる。じっと私を見下ろしていたのだ。

そして、Kはふすま一枚向こうで、何を思ってか、一人で死んでいった。

この瞬間、私の人生は決まったのである。

「私は棒立ちに立ちすくみました。それが疾風のごとく私を通過したあとで、私はまたあしまったと思いました。もう取り返しがつかないという黒い光が、私の未来を貫いて、一瞬間に私の前に横たわる全生涯をものすごく照らしました。そうして私はがたがた震え出したのです」

これは**情景描写であると同時に、黒い光がこの後私の生涯を覆い尽くしていくことになる、象徴的な描写**でもある。

## †Kの遺書

それでも私はついに私を忘れることができませんでした。私はすぐ机の上に置いてある手紙に目をつけました。それは予期どおり私の名宛てになっていました。私は夢中で封を切りました。しかし中には私の予期したようなことはなんにも書いてありませんでした。私は私にとってどんなにつらい文句がその中に書き連ねてあるだろうと予期したのです。そうして、もしそれが奥さんやお嬢さんの目に触れたら、どんなに軽蔑されるかもしれないという恐怖があったのです。私はちょっと目を通しただけで、まず助かったと思いました。(もとより世間体の上だけで助かったのですが、その世間体がこの場合、私にとっては非常な重大事件に見えたのです。)

手紙の内容は簡単でした。そうしてむしろ抽象的でした。自分は薄志弱行でとうてい行く先の望みがないから、自殺するというだけなのです。それから今まで私に世話になった礼が、ごくあっさりした文句でその後に付け加えてありました。世話ついでに死後の片づけ方も頼みたいという言葉もありました。奥さんに迷惑をかけてすまんからよろしくわびをしてくれという句もありました。国元へは私から知らせてもらいたいという依頼もありました。必要なことはみんな一口ずつ書いてある中にお嬢さんの名前だけはどこにも見えません。私はしまいまで読んで、すぐKがわざと回避したのだということに気がつきました。しかし私の最も痛切に感じたのは、最後に墨の余りで書き添えたらしく見える、もっと早く死ぬべきだのになぜ今まで生きていたのだろうという意味の文句でした。

私は震える手で、手紙を巻き収めて、再び封の中へ入れました。私はわざとそれをみんなの目につくように、元のとおり机の上に置きました。そうして振り返って、襖にほ

――とばしっている血潮を初めて見たのです。


この遺書も、Kの自殺の動機の謎を解く鍵である。

なぜKは自殺をしたのか？

少なくとも、私の裏切りには一切触れておらず、自殺の理由は謎のままである。

手がかりとしては、「しかし私の最も痛切に感じたのは、最後に墨の余りで書き添えたらしく見える、もっと早く死ぬべきだのになぜ今まで生きていたのだろうという意味の文句でした」と書き添えられた言葉だけである。

「もっと早く死ぬべきだのに」という言葉からは、私への恨みは一切読み取れない。


結局、Kは何一つ語らずに死んでいった。いや、何一つ語れなかったと言うべきか。

Kは己に厳しい生き方を貫いてきた。道のためにはあらゆる執着を断たなければならない。恋愛なんて馬鹿のすることだ、と。

そして、孤独に陥った。

Kは故郷を捨て、家族を捨て、養父母まで捨てた。そんなKが初めて人を好きになったのだ。

ところが、私とお嬢さんとの結婚話を聞かされたとき、**Ｋはこの世でひとりぼっちだと痛切に感じたのかもしれない。**

私とお嬢さんが密かに愛し合っていたとは夢にも思わなかったのだ。

馬鹿なのは自分の方である。同じ家に暮らしていながら、最も愛した人と、最も信頼していた親友との心がまるっきり分からなかったのだ。

**その象徴的な場面が、二人を分けていた一枚のふすまである。そのとき、Ｋは言葉にならないほどの孤独を感じたに違いない。**

一度愛を感じて、孤独を癒やされた人間には、もはやかつての孤独を耐え抜く力は残っていない。

だから、「もっと早く死ぬべきだのになぜ今まで生きていたのだろう」という言葉だったのである。

### †「私」の自殺の動機

多くの教科書の掲載部分はこのあたりまでだが、まだ謎は横たわったままだ。

私（先生）はなぜ自殺したのか？

Kが自殺したことで、良心の呵責に耐えかねた？

いや、そうではない。私はKの遺書を読んで、「助かった」とまず思ったのだ。第一、遺書には私の裏切りは書かれていなかった。

その後、私は何事もなかったように、お嬢さんと結婚する。結局、奥さんもお嬢さんもKが密かにお嬢さんを慕っていたことはまるで知らない。

すべてはうまく隠し通せたはずだった。

だが、そのことで、私はその後の人生で、Kの孤独を引きずっていく。

後に、私は次のように告白している。

---

同時に私はKの死因を繰り返し繰り返し考えたのです。その当座は頭がただ恋の一字で支配されていたせいでもありましょうが、私の観察はむしろ簡単でしかも直線的でした。Kはまさしく失恋のために死んだものとすぐ極《き》めてしまったのです。しかしだんだん落ち付いた気分で、同じ現象に向ってみると、そうたやすくは解決が着かないように思われて来ました。現実と理想の衝突、――それでもまだ不充分でした。私はしまいに

Kが私のようにたった一人で淋《さむ》しくって仕方がなくなった結果、急に所決《しょけつ》したのではなかろうかと疑い出しました。そうしてまたぞっとしたのです。私もKの歩いた路《みち》を、Kと同じように辿《たど》っているのだという予覚が、折々風のように私の胸を横過《よこぎ》り始めたからです。

ここに告白されているのは、**耐えきれないほどの孤独**である。

Kが自殺したのは、失恋からでも、友の裏切りからでも、道を踏み外したからでもなく、淋しくて淋しくて仕方がなくなったからだと、私の思いはそこで立ち止まり、ぞっとした。**なぜなら、私もKと同じ道をたどっているのだ。**

私はお嬢さんと愛し合いながら結婚したはずなのに、二人で過去を共有することができない。下宿生活の懐かしい話が出るたびに、Kの亡霊におびえたはずである。心の奥底にあるものを知られてはいけないと、いつも妻（お嬢さん）に心を閉ざしていた。

そうしたさみしい生活はとても堪えられるものではなかった。私の脳裏には、いつも

「自殺」の二文字が張り付いていた。

## †先生の結婚生活

私は今日《こんにち》に至るまですでに二三度運命の導いて行《ゆ》く最も楽な方向へ進もうとした事があります。しかし私はいつでも妻に心を惹《ひ》かされました。そうしてその妻をいっしょに連れて行く勇気は無論ないのです。妻にすべてを打ち明ける事の出来ないくらいな私ですから、自分の運命の犠牲として、妻の天寿を奪うなどという手荒な所作は、考えてさえ恐ろしかったのです。私に私の宿命がある通り、妻には妻の廻《まわ》り合せがあります。二人を一束にして火に燻《く》べるのは、無理という点から見ても、痛ましい極端としか私には思えませんでした。

同時に私だけがいなくなった後《あと》の妻を想像してみるといかにも不憫《ふびん》でした。母の死んだ時、これから世の中で頼りにするものは私より外《ほか》になくなったと云った彼女の述懐を、私は腸《はらわた》に沁《し》み込むように記憶させられていたのです。私はいつも躊躇《ちゅうちょ》しました。妻の顔を見て、止《よ》してよかったと思う事もありました。そうしてまたじっと竦《すく》んでしまいます。そうして妻から時々物足りなそうな眼で眺められるのです。

記憶してください。私はこんな風にして生きて来たのです。初めてあなたに鎌倉《かまくら》で会った時も、あなたといっしょに郊外を散歩した時も、私の気分に大した変りはなかったのです。私の後ろにはいつでも黒い影がくッ付いていました。私は妻のために、命を引きずって世の中を歩いていたようなものです。あなたが卒業して国へ帰る時も同じ事でした。九月になったらまたあなたに会おうと約束した私は、嘘《うそ》をついたのではありません。全く会う気でいたのです。秋が去って、冬が来て、その冬が尽きても、きっと会うつもりでいたのです。

---

私は死のう死のうと思いながらも、後に残される妻のことを思うと、とても死ぬことはできなかった。だから、これから先も、死のうと思いながら、命を引きずるようにして生きていくのだと思っていた。

では、なぜそんな私が突然自殺をしたのか？

そこに「明治の精神」という不可思議な言葉が、突如として登場してくるのである。

## †明治の精神に殉死

私は死のう死のうと思い続けてきたが、妻のことを考えると死ぬことができずに、命を引きずるようにして生きてきたのだ。そして、これからもそのように生きていくのだと思っていた。

---

すると夏の暑い盛りに明治天皇が崩御《ほうぎょ》になりました。その時私は明治の精神が天皇に始まって天皇に終ったような気がしました。最も強く明治の影響を受けた私どもが、その後に生き残っているのは必竟時勢遅れだという感じが烈《はげ》しく私の胸を打ちました。私はあからさまに妻にそう云いました。妻は笑って取り合いませんでしたが、何を思ったものか、突然私に、では殉死《じゅんし》でもしたらよかろうと調戯《からか》いました。

＊

私は殉死という言葉をほとんど忘れていました。平生使う必要のない字だから、記憶の底に沈んだまま、腐れかけていたものと見えます。妻の笑談《じょうだん》を聞いて初めてそれを思い出した時、私は妻に向ってもし自分が殉死するならば、明治の精神に殉死するつもりだと答えました。私の答えも無論笑談に過ぎなかったのですが、私はその時何だか古い不要な言葉に新しい意義を盛り得たような心持がしたのです。

それから約一ヶ月ほど経《た》ちました。御大葬《ごたいそう》の夜私はいつもの通り書斎に坐って、相図《あいず》の号砲を聞きました。私にはそれが明治が永久に去った報知のごとく聞こえました。後で考えると、それが乃木大将《のぎたいしょう》の永久に去った報知にもなっていたのです。私は号外を手にして、思わず妻に殉死だ殉死だと云いました。

私は新聞で乃木大将の死ぬ前に書き残して行ったものを読みました。西南戦争の時敵に旗を奪《と》られて以来、申し訳のために死のう死のうと思って、つい今日《こんにち》まで生きていたという意味の句を見た時、私は思わず指を折って、乃木さんが死ぬ覚悟をしながら生きながらえて来た年月《としつき》を勘定してみました。西南戦争は明治十年ですから、明治四十五年までには三十五年の距離があります。乃木さんはこの三十五年の間死のう死のうと思って、死ぬ機会を待っていたらしいのです。私はそういう人にとって、生きていた三十五年が苦しいか、また刀を腹へ突き立てた一刹那《いちせつな》が苦しいか、どっちが苦しいだろうと考えました。

それから二三日して、私はとうとう自殺する決心をしたのです。私に乃木さんの死んだ理由がよく解らないように、あなたにも私の自殺する訳が明らかに呑《の》み込めないかも知れませんが、もしそうだとすると、それは時勢の推移から来る人間の相違だから仕方がありません。あるいは箇人《こじん》のもって生れた性格の相違と云った方が確かかも知れません。私は私の出来る限りこの不可思議な私というものを、あなたに解らせるように、今までの叙述で己《おの》れを尽したつもりです。

明治天皇が崩御した知らせを聞き、妻が冗談で「殉死」という言葉を口にしたとき、私の脳裏にその二文字がこびりついた。そして、その約一ヶ月後、乃木大将が切腹した。乃木大将は若いときに西南戦争に参加し、隊旗を敵に奪われる。これでは武士としての面目が立たないから切腹をしてお詫びをしようとした。ところが、「その命を天皇に捧げ、身を尽くして仕えよ」と人に諭され、まさに忠義一徹でその後の人生を生きたのである。日露戦争の旅順攻略のとき、乃木大将は総大将で頑固一徹、自分の作戦を変えようとはしなかった。そのために勝利をしたが、五万人以上の兵士を戦死させている。その中には自分の子供もいた。まさに死屍累々といった有様だったのである。

自分の無能さのために、目の前で部下たちが次々と戦死するのを、乃木大将はどんな思いで眺めたのか。

それから乃木大将はずっと死に場所を求めていた。そして、明治天皇崩御の知らせを受けて、切腹した。

「乃木さんはこの三十五年の間死のう死のうと思って、死ぬ機会を待っていたらしいのです。私はそういう人にとって、生きていた三十五年が苦しいか、また刀を腹へ突き立てた一刹那が苦しいか、どっちが苦しいだろうと考えました」

そして、私も自殺を決意する。

私は乃木大将の人生を自分のそれと重ねて受け取ったのである。まさに、私もずっと死のう死のうと思っていき続けてきたのだから。

「私は妻に向ってもし自分が殉死するならば、明治の精神に殉死するつもりだと答えました」

私の自殺の動機を考えるとき、ここがもっとも大切なところである。

**乃木大将は明治天皇に殉死したが、私はもし殉死するならば、明治天皇ではなく、明治**

**の精神に殉死すると言ったのだから。**

では、「明治の精神」とは何か？

## †明治の知識人の孤独

夏目漱石は明治が始まる前年に生まれ、大正五年に逝去している。まさに明治の人間なのだ。実際、明治天皇崩御の知らせを万感の思いで聞いたはずである。

そして、「こころ」が発表されたのは、大正三年。その作品の中で、私の自殺の動機として、乃木大将の殉死、明治の精神が登場する。

近代国家を築き上げたのは明治の知識人たちで、彼らの大方は武士階級だった。武士は家や藩という集団と一体化した価値規範の中で生きてきた。

ところが、一学期で学習したように、近代に入って彼らは集団から切り離され、自我を獲得しようとした。

その結果、孤独に陥ったのだ。

**Kの生き方も孤独であったし、「私」もまた孤独の道をたどってきた。そして、乃木大**

将の人生も孤独そのものだった。

「こころ」は朝日新聞に連載されたのだが、当時の朝日新聞の読者はほんの一握りの知識人たちだった。**明治の知識人たちの孤独は現代に生きる私たちには実感できないが、当時の朝日新聞の読者には伝わったはず**なのである。

そして、私は明治天皇ではなく、そうした明治の精神に殉死するのである。

## †講義のまとめ

教科書に取り上げられた作品は、まさに名作ばかりである。これらが面白くないはずがない。

もし、あなたが面白くないと感じたならば、それは読解力の不足であるに違いない。教師はそのことにおいて責任がある。

では、なぜ作品の芯となるものを読み取れないのか?

それは「舞姫」でも記述したとおり、**自分勝手に自らの生活感覚、狭い価値観の中で作品を再解釈してしまったから**である。

それをしている限りは、好きか嫌いか、自分の好尚《こうしょう》で決まってしまうから、せっかく名作を読んでも、自分の精神世界が揺さぶられることはないのである。

「こころ」は明治の知識人に向けて書かれたものであって、現代に生きる自分たちには無関係であると思うかもしれない。

では、次の記述はどうだろう。「こころ」の「遺書」の初めの方に、次のような文章が出てくる。

「私は今自分で自分の心臓を破って、その血をあなたの顔に浴びせかけようとしているのです。私の鼓動が停《とま》った時、あなたの胸に新しい命が宿る事ができるなら満足です」

「こころ」の中の「私」は無個性である。誰でもなり得る「私」なのだ。そして、なぜ、「私」に自らの血を浴びせかける私が「先生」なのか？

**Kのこころ、先生のこころ、乃木大将とすべての明治の知識人たちのこころ、これらを次の時代に生きる私たちに投げかける。**

私たちはそうしたこころを引きずって、新しい時代を生きていく。

そういった意味では、「こころ」は私たちに向けた漱石の遺言でもあるのだ。

国語の教科書は、これからの時代に生きる高校生に、英語や歴史とは異なり、日本人の魂をしっかりと伝えようとしている。

あなたは高校時代にそれを受け取って、今、社会人として深い精神性を持って、時代を切り開こうとしているのだろうか？

三学期

# 「時代背景」を理解して、読む

小林秀雄「無常ということ」
中原中也「サーカス」
葉山嘉樹「セメント樽の中の手紙」

第一講

# 小林秀雄「無常ということ」

## ――難解な「随筆」を攻略する

小林秀雄（こばやし・ひでお）一九〇二～一九八三

文芸評論家。東京帝国大学仏文科卒業後の一九二九年、「様々なる意匠」を発表。以降、一九三三年に『文學界』を創刊するなど、文壇に大きな影響力を持った。主な作品に「モオツァルト」「本居宣長」「ドストエフスキイの生活」など。本作「無常ということ」は、一九四二～四三年にかけて発表された六篇を集めた同名の評論集に収録されたもので、現在は新潮文庫などで読むことができる。

「目標」

① 難解な文章を怯まずに読めるようになる。

② 「歴史」について考える。

## †三学期の概要

三学期は、高校生には難解な、評論界の巨匠である小林秀雄、そして、中原中也の詩、最後には葉山嘉樹のプロレタリア文学作品を扱う。

小説については、これで明治中期の「舞姫」、大正初期の「こころ」、昭和初期の「セメント樽の中の手紙」と、一通り「近代」の全体像をつかんだ上で、現代を捉える視座を得ることができる。

**小林秀雄の難解さは、彼が合理主義的な捉え方を拒んでいる批評家だからである。**批評すべき対象に対して、理屈で無理矢理納得するのではなく、もっと心の奥深いところで、その総体として捉えようとしているのだ。

「無常ということ」もそうした一つであり、小林秀雄独自の歴史観に裏打ちされている。

## †随筆である意味

「無常ということ」は、筆者の主張を論理的に説明するといった、既成の評論とは趣を異にする。これも「無常ということ」を難解にしている理由の一つであろう。**明確な主張を提示するよりも、テーマに関して筆者の思いを述べるといった風で、それゆえ、評論よりもむしろ随筆に近い。**

それは筆者のテーマがあまりにも大きいからである。「無常」と「無常でないもの」、そして、「人間」と「動物」、さらには「歴史の捉え方」と、合理的な解釈では説明がつかないテーマに対して、筆者は自分の感慨を述べるという、随筆的な手法をとったのではないか。

### †一言芳談抄の引用

まず筆者は引用（A）から入る。

そこで、私たちは引用と、筆者の心情との関係を考えていかなければならない。

「あるひと云《い》はく、比叡《ひえい》の御社《おんやしろ》に、いつはりてかんなぎのまねしたるなま女房の、十禅《じふぜん》師《じ》の御前にて、夜うち深《ふ》けて、人しづまりて後、ていとうていとうと、つづみをうちて、心すましたる声にて、とてもかくても候《さうら》ふ、なうなうとうたひけり。その心を人にしひ問はれて云はく、生死《しやうじ》無常の有様を思ふに、この世のことはとてもかくても候ふ、なう後世《ごせ》をたすけたまへと申すなり。云々《うんぬん》。」

引用文を訳してみよう。

「ある人が言うには、山王権現に、わざと（祭りの時に神霊を招き下ろす）かんなぎの格好をした新米の女房が、十禅寺の前で夜更け頃、人が寝静まってから、とんとんと鼓を打ち、涼しげな声で「どうでもこうでもよろしいのです」などと歌った。その心を人に強く問われていうことには、「生死無常の有り様を思うと、現世のことはどうでもいいのです。なにとぞ来世は浄土に生まれますように」と申し上げたということである」

ここで**「無常」**という言葉が登場する。

女房はこの世は無常だからどうでもいい、どうか、来世は浄土にと祈ったのである。**この場合の「無常」は、栄えるものは必ず滅びる、命あるものもどうせ死ぬということ、それに対して、浄土は無常でないもの、つまり、永遠のもの**である。

この女房はひたすら死後の永遠の世界を願ったとなる。

これは、『一言芳談抄《いちごんほうだんしょう》』のなかにある文で、読んだ時、いい文章だと心に残ったのであるが、先日、比叡山に行き、山王権現《さんのうごんげん》の辺りの青葉やら石垣やらを眺めて、ぼんやりとうろついていると、突然、この短文が、当時の絵巻物の残欠でも見るようなふうに心に浮かび、文の節々が、まるで古びた絵の細勁《さいけい》な描線をたどるように心にしみわたった。そんな経験は、はじめてなので、ひどく心が動き、坂本で蕎麦《そば》を食っている間も、あやしい思いがしつづけた。あの時、自分は何を感じ、何を考えていたのだろうか、今になってそれがしきりに気にかかる。無論、取るに足らぬある幻覚が起こったにすぎまい。そう考えて済ますのは便利であるが、どうもそういう便利な考えを信用する気になれないのは、どうしたものだろうか。実は、何を書くのか判然しないままに書き始めているのである。

『一言芳談抄』は、おそらく兼好《けんこう》の愛読書の一つだったのであるが、この文を『徒然《つれづれ》草《ぐさ》』のうちに置いても少しも遜色《そんしょく》はない。今はもう同じ文を目の前にして、そんなつまらぬこととしか考えられないのである。依然として一種の名文とは思われるが、あれほど自分を動かした美しさはどこに消えてしまったのか。消えたのではなく現に目の前にあるのかもしれぬ。それをつかむに適したこちらの心身のある状態だけが消え去って、取り戻す術《すべ》を自分は知らないのかもしれない。こんな子供らしい疑問が、すでに僕を途方もない迷路に押しやる。僕は押されるままに、別段反抗はしない。そういう美学の萌芽《ほうが》とも呼ぶべき状態に、少しも疑わしい性質を見つけ出すことができないからである。だが、僕は決して美学には行き着かない。

『一言芳談抄』の引用は、次の筆者の比叡山、山王権現での体験の導火線となる。おそらく山王権現を訪れたから、同じく山王権現で後世を祈った女房のことが脳裏に浮かんできたのだろうが、筆者はその時、青葉や石垣を眺めて、『一言芳談抄』を美しいと感じたのだ。

しかし、今はあれほど自分を動かした美しさはどこかに消えてしまった。

その時は確かに「美学の萌芽とも呼ぶべき状態」があったのだが、筆者はそれを「僕は決して美学には行き着かない」と述べる。なぜなのかは、後半を読むことによって、初めて明らかになるのだが。

確かに空想なぞしてはいなかった。青葉が太陽に光るのやら、石垣の苔《こけ》のつき具合やらを一心に見ていたのだし、鮮やかに浮かび上がった文章をはっきりたどった。余計なことは何一つ考えなかったのである。どのような自然の諸条件に、僕の精神のどのような性質が順応したのだろうか。そんなことはわからない。わからぬばかりではなく、そういう具合な考え方がすでに一片の洒落《しやれ》にすぎないかもしれない。僕は、ただある満ち足りた時間があったことを思い出しているだけだ。自分が生きている証拠だけが充満し、その一つ一つがはっきりとわかっているような時間が。無論、今はうまく思い出しているわけではないのだが、あの時は、実に巧みに思い出していたのではなかったか。何を。鎌倉時代をか。そうかもしれぬ。そんな気もする。

筆者はあの時、なぜ『一言芳談抄』に美の萌芽を認めたのか、それは分からないが、その文章が脳裏に浮かんだとき、「ただある満ち足りた時間があったことを思い出しているだけ」だったのだ。

その時は、「自分が生きている証拠だけが充満し」ていた。なぜなら、あの時はうまく思い出していたからだ。何を？

鎌倉時代を、と筆者は述べる。

ここまでは謎めいた文章で、読者はおそらく雲をつかむような思いに駆られたのではないだろうか。

しかし、後半の文章が前半の文章を意味づけることになるのだ。

**この世は無常であり、女房が願ったのは、死後の世界の「無常でない」世界**である。

そして、**『一言芳談抄』に美の萌芽を感じたのは、その時代をうまく思い出したからだ**と、筆者はいう。

筆者は美学の萌芽を、美学で解釈したくないという。

### ✝歴史の新しい見方と解釈を拒絶する

歴史の新しい見方とか新しい解釈とかいう思想からはっきりと逃れるのが、以前にはたいへん難しく思えたものだ。そういう思想は、一見魅力ある様々な手管めいたものを備えて、僕を襲ったから。一方歴史というものは、見れば見るほど動かし難い形と映ってくるばかりであった。新しい解釈なぞでびくともするものではない、そんなものにしてやられるような脆弱《ぜいじゃく》なものではない、そういうことをいよいよ合点して、歴史はいよいよ美しく感じられた。晩年の鷗外が考証家に堕したというような説は取るに足らぬ。あの膨大な考証を始めるに至って、彼はおそらくやっと歴史の魂に推参したのである。『古事記伝』を読んだ時も、同じようなものを感じた。解釈を拒絶して動じないものだけが美しい、これが宣長《のりなが》の抱いたいちばん強い思想だ。解釈だらけの現代にはいちばん秘められた思想だ。そんなことをある日考えた。

---

後半に入って、筆者の主張がようやく登場する。

「歴史の新しい見方とか新しい解釈とかいう思想からはっきりと逃れるのが、以前にはたいへん難しく思えたものだ」

つまり、**筆者は歴史の新しい見方とか新しい解釈を拒絶しようとしていた**のだ。

『一言芳談抄』に美を認めたが、その理由を美学に求めたなら、それは新しい見方、解釈になってしまうではないか。

筆者は既成の知識で解釈することを求めてはいない。では、どうするのか？

**思い出す**のである。山王権現では『一言芳談抄』、そして、その時代である鎌倉を思い出すことができた。だから、美の萌芽を感じることができたのだ。

だが、筆者はこの文章を書こうとして、『一言芳談抄』の文章を思い出そうとしたのだが、あの時の美の萌芽は戻ってこなかった。

前に「依然として一種の名文とは思われるが、あれほど自分を動かした美しさはどこに消えてしまったのか。消えたのではなく現に目の前にあるのかもしれぬ。それをつかむに適したこちらの心身のある状態だけが消え去って、取り戻す術を自分は知らないのかもしれない」とあった。

つまり、もう思い出すことはできなかったのである。

歴史の美しさは新しい見方や、解釈を拒絶する。

ただ思い出すことができるだけである。

そして、その証拠として、筆者は森鷗外の歴史小説や本居宣長『古事記伝』を例に挙げる。

「解釈を拒絶して動じないものだけが美しい、これが宣長の抱いたいちばん強い思想だ。解釈だらけの現代にはいちばん秘められた思想だ」と。

また、ある日、ある考えが突然浮かび、たまたまそばにいた川端康成《かわばたやすなり》さんにこんなふうにしゃべったのを思い出す。彼笑って答えなかったが。「生きている人間などというものは、どうもしかたのない代物だな。何を考えているのやら、何を言い出すのやら、しでかすのやら、自分のことにせよ他人事にせよ、わかったためしがあったのか。鑑賞にも観察にも堪えない。そこにいくと死んでしまった人間というものは大したものだ。なぜ、ああはっきりとしっかりとしてくるんだろう。まさに人間の形をしているよ。してみると、生きている人間とは、人間になりつつある一種の動物かな。」

この一種の動物という考えは、かなり僕の気に入ったが、考えの糸は切れたままでいた。歴史には死人だけしか現れてこない。したがってのっぴきならぬ人間の相しか現れぬし、動じない美しい形しか現れぬ。思い出となれば、みんな美しく見えるとよく言うが、その意味をみんなが間違えている。僕らが過去を飾りがちなのではない。過去のほうで僕らに余計な思いをさせないだけなのである。思い出が、僕らを一種の動物であることから救うのだ。記憶するだけではいけないのだろう。思い出さなくてはいけないのだろう。多くの歴史家が、一種の動物にとどまるのは、頭を記憶でいっぱいにしているので、心をむなしくして思い出すことができないからではあるまいか。

筆者は現代の知識偏重の歴史のあり方や、歴史の合理的解釈を明らかに拒んでいる。歴史はそのような小賢しい捉え方では動じないのだ。

**思い出すことでしか、歴史の美しさを蘇らすことはできない。**

では、なぜ私たちは歴史を深いところで捉えることができずに、合理的な説明をつけて満足してしまうのか？

そこで、筆者は川端康成とのエピソードを持ち出す。

川端に筆者は「死んでしまった人間というものは大したものだ。なぜ、ああはっきりとしっかりとしてくるんだろう。まさに人間の形をしているよ」と言う。

この発言は単独で解釈しようとすると分かりにくい。だが、その後に、筆者は「歴史には死人だけしか現れてこない。したがってのっぴきならぬ人間の相しか現れぬし、動じない美しい形しか現れぬ」と述べる。

ここで**筆者のテーマが「歴史」であることを忘れてはいけない。**歴史には死んだ人間しか現れてこない、しかも、歴史的人物は信長であれ、秀吉、家康であれ、良くも悪くも凄惨な生き方を貫いたのだ。すでに死んでしまっているのだから、彼らが残した歴史的痕跡は、「動じない美」しか現れてこないのは当然なのである。

では、生きている人間はどうか？

「してみると、生きている人間とは、人間になりつつある一種の動物かな」

ここで「してみると」とあるので、前の文章を受けて、「一種の動物」とは人間レベルに達していないものということだろう。

## †思い出さなくてはいけない

「思い出となれば、みんな美しく見えるとよく言うが、その意味をみんなが間違えている。僕らが過去を飾りがちなのではない。過去のほうで僕らに余計な思いをさせないだけなのである」

とは、どういうことか？

たとえば、生きている人間は死んだ人間に対して、その人の生前の思い出をいろいろ飾って美しく語るものだが、死人にはそのような解釈を必要としない、動じない美があるということ。

「思い出が、僕らを一種の動物であることから救うのだ。記憶するだけではいけないのだろう。思い出さなくてはいけないのだろう。多くの歴史家が、一種の動物にとどまるのは、頭を記憶でいっぱいにしているので、心をむなしくして思い出すことができないからではあるまいか」

**生きている人間は「頭を記憶でいっぱいにしている」ので、動物レベルに留まっている**のである。

私たちは日々生活するために、利害関係や小賢しい知識で頭をいっぱいにして、静かに思い出すことができないでいる。

## †「常なるもの」を見失う

上手に思い出すことは非常に難しい。だが、それが、過去から未来に向かって飴《あめ》のように延びた時間という蒼《あお》ざめた思想（僕にはそれは現代における最大の妄想と思われるが）から逃れる唯一の本当に有効なやり方のように思える。成功の期はあるのだ。この世は無常とは決して仏説というようなものではあるまい。それはいつい かなる時代でも、人間の置かれる一種の動物的状態である。現代人には、鎌倉時代のどこかのなま女房ほどにも、無常ということがわかっていない。常なるものを見失ったからである。

「過去から未来に向かって飴のように延びた時間という蒼ざめた思想」過去から未来へと続く時の流れは、論理的に理解することができると私たちは考えているが、筆者はそれを妄想だと切り捨てる。

歴史にはのっぴきならない死人しか現れてこないし、そこには動じない美がある。それを知識として捉えようとしたり、解釈しようとしたりするから、歴史をつかまえることができない。**歴史は思い出すことでしか、私たちの前に姿を現さないのだ。**

最後に再び、冒頭のなま女房が登場する。

鎌倉時代のなま女房は「無常」のありようを深く覚《さと》っていたから、現世のことはどうなろうと、来世での救済を祈ったのである。

「現代人には、鎌倉時代のどこかのなま女房ほどにも、無常ということがわかっていない。

常なるものを見失ったからである」

我々現代人には「無常」は分からない。ここで言う「常なるもの」とは、永遠なるものを言う。なま女房は来世、つまり、「常なるもの」のために、現世を捨て去る覚悟があった。

**現代人は、なま女房のように生死の奥深いところで「無常」を捉えていないから、歴史の動じない美に関しても、それを知識で捉えたり、解釈をしてしまうのである。**

## †講義のまとめ

国語の教科書は実に面白い。

高校生が懸命に歴史を知識として記憶しようとしたり、因果関係から解釈しようとするのに対して、小林秀雄はそういった歴史の捉え方を真っ向から否定する。

歴史とは解釈をするのではなく、心静かに思い出すものである。そうすれば、動じない美が現れてくる、と。

小林秀雄がその例として挙げた森鷗外の作品は、大正時代に発表された「阿部一族」などの歴史小説や、「渋江抽斎《しぶえちゆうさい》」などの考証的な作品を指している。

同じ大正時代に活躍した作家に、芥川龍之介《あくたがわりゆうのすけ》がいる。

芥川龍之介の歴史小説では、登場人物はあくまで現代人であって、歴史という舞台と衣装を借りることで、現代人の極限の心理を炙り出すものが多い。

それに対して、森鷗外は「歴史其儘《そのまま》と、歴史離れ」という随想で、史料を読み解くうちに、「自然を尊重する念」が自分の中に起こった、と書いている。鷗外はそれを人間の小賢しい知で解釈することを嫌ったのだ。

ここでいう「自然」とは、歴史の中にうかがわれる動じない美のことであろう。

**芥川龍之介と森鷗外の作品は、歴史小説の両極である。**

# 第二講　中原中也「サーカス」
## ――詩を読む技法を身につける

中原中也（なかはら・ちゅうや）一九〇七〜一九三七

詩人。一九三四年に第一詩集『山羊の歌』、没後の一九三八年に第二詩集『在りし日の歌』が刊行された（本作「サーカス」は『山羊の歌』に収録）。また、東京外国語学校仏語部を修了し、『ランボオ詩集』など翻訳も手がけた。現在、詩は現代詩文庫（思潮社）、新潮文庫、角川ソフィア文庫などで読むことができる。

「目標」

① 詩の読み方を習得する。

② 答のないところで深く物事を考える。

いよいよ詩が登場する。

中原中也である。

詩は基本的には作者の心情を表現したものだが、**散文と異なり、極限にまで省略された表現方法**により、逆に読み手の想像力を刺激する。

さらに**比喩をはじめとする、様々なレトリック**を駆使することで、読み手の脳裏にイマージュ（心象風景）を作り出すのだ。

そういった技法を、ここでは学習していこう。

**†時代背景**

中原中也はわずか三〇年しか生きることができなかった、夭折した天才詩人である。

明治四〇（一九〇七）年に生まれ、昭和一二（一九三七）年に病死したのだが、**彼が詩人として活躍したのは昭和初期で、まさに世は戦争へと急速に傾いていった時代**だった。

軍国主義時代に、まだ若い中也はその中で短い生を燃焼させていた。こうした時代背景を頭に置いて中也の詩を鑑賞すると、中也の不安や、悲しみがしみじみと伝わってくるではないか。

もう一つ、今度は中也自身で言えば、彼が不遇の詩人だったということである。天才詩人であったが、世の中になかなか認められない不安を抱いていた。

また同棲相手であった長谷川泰子《はせがわやすこ》が、親友である小林秀雄の元に去って行った。生きるのに不器用な中也は、良好な人間関係を築くのにも苦労したようである。

さて、そんな中也の「サーカス」という詩を読んでいこう。

†リフレイン

幾時代かがありまして
　茶色い戦争ありました

幾時代かがありまして
　冬は疾風吹きました

幾時代かがありまして
　今夜此処《ここ》での一《ひ》と殷盛《さか》り

## 今夜此処での一と殷盛り

「幾時代かがありまして」という言葉が三度繰り返されている。こうしたリフレインも詩でよく使われる技法であるが、詩にリズムを与えることで、音楽性をもたらす効果がある。

ただこの場合はそれだけではない。

**この「幾時代」は、人類の幾時代かであり、日本の幾時代かであり、中也自身の人生における浮沈でもあり得る**のだ。

人間も日本も戦争を繰り返してきた。「茶色の戦争」とあることにも注意しなければならない。

「黒」に対して、「茶色」はセピア色であり、すでに思い出となったが、まだ完全に忘れ去ることができない戦争だということである。

次に、「冬は疾風吹きました」とあることから、その間、つらい出来事が次々と起こったことを表していると分かる。

日清戦争、日露戦争と、日本人は暗黒の時代を経験しただろうし、その中で作者の人生もまた暗く満たされないものだったことが暗示されている。

そして、一転、三番目のリフレインは、

「幾時代かがありまして
　今夜此処での一と殷盛り
　　今夜此処での一と殷盛り」

となっている。

今夜は一つ、外のつらいできことは忘れて、詩人は一息をつこうとしている。大切なことは、あくまで「一と殷盛り」であることから、これからも中也の人生は苦難の連続であり、悲惨な戦争を繰り返してきた日本も、また新たな戦争が始まるであろうということが予感されていることだ。

だから、戦争と戦争の狭間で、せめて今宵は一息ついて、あるいは酒でも飲もうかといっているのである。

## †ブランコと擬音語

サーカス小屋は高い梁《はり》
　そこに一つのブランコだ
見えるともないブランコだ

頭倒《さか》さに手を垂れて
　汚れ木綿の屋蓋《やね》のもと
ゆあーん　ゆよーん　ゆやゆよん

さて、次の連では、詩人が今サーカス小屋にいることが明かされている。**詩は様々な解釈が可能である。特に中也の詩はイメージを喚起させる力を持っているので、受け取り方は人それぞれなのだ。**もちろん、私の解釈もその一つであって、決して絶対的ではない。

ただし、**あくまで本文を根拠にしたことが条件であり、それを無視した恣意的な解釈は成り立たない。**そのためにも、正確な読解力が不可欠なのである。

教科書はそうしたことも高校生に伝えている。

サーカス小屋の目玉は空中ブランコである。

だが、「見えるともないブランコだ」とあることから、現実のブランコではなく、詩人の心象風景だと考えた方がいいだろう。

「頭倒さに手を垂れて
　汚れ木綿の屋蓋のもと
ゆあーん　ゆよーん　ゆやゆよん」

非常に映像化しやすい表現である。みすぼらしいサーカス小屋の中で、曲芸師が逆さ吊りになって揺れている。「汚れ木綿の屋蓋」は、逆さになった曲芸師の目に映った風景である。とても大勢の観客の中で、拍手喝采の演技とは思えない。

外は戦争の靴音が近づいているのだから。

ブランコの揺れを表す擬音語が「ゆあーん　ゆよーん　ゆやゆよん」である。これが次にリフレインとなるのだが、ある意味ではこの擬音語が詩の主題だと言っても過言ではない。

この擬音語はブランコの揺れる音であると同時に、詩人自身の不安感を象徴する音であり、心の叫びであるからだ。

**†鰯の観客**

それの近くの白い灯が
　安値《やす》いリボンと息を吐き

観客様はみな鰯《いわし》
　咽喉《のんど》が鳴ります牡蠣殻《かきがら》と

ゆあーん　ゆよーん　ゆやゆよん

---

「それの近くの白い灯が　安値いリボンと息を吐き」の「それ」は、空中ブランコを指している。天井には「白い灯」が点されているが、ブランコが揺れるので、リボンのように尾を引いて見えているのだ。

もちろん、これも逆さ吊りになっている曲芸師の目に映った光景だろう。

次に、曲芸師の目に映った観客の様子が、「観客様はみな鰯」と、「鰯」にたとえられている。

「鰯」は一般大衆をたとえたもので、常に同じ方向に群れていくものである。あるいは、外では戦争が迫り来ているのにもかかわらず、サーカス小屋の中で思考停止状態にいる観客を比喩しているのかもしれない。

「咽喉が鳴ります牡蠣殻」とあるが、「観客」はサーカスを見て声を出しているのだが、それは牡蠣殻が擦り合わさるときのような「ガラガラ」という機械的な音でしかない。

ここでも、流れに身を任すだけの、大衆の機械的な有り様をたとえている。

さて、今、中也がサーカス小屋の曲芸師に思いを託していると読み取ったらどうだろう？

ブランコで逆さ吊りになって揺れている曲芸師の目には、安っぽい小屋の風景が映っている。

今、中也を取り囲んでいる世間は、「汚れ木綿」であり、「安値いリボン」なのだ。今まで中也の人生には「幾時代かがありまして　茶色い戦争ありました」「冬は疾風吹きました」と苦難の連続であった。

今、ほっと一息をつくにはついたのだが、曲芸師である中也はブランコに逆さ吊りのままである。揺れるブランコはそのまま中也の不安定な心である。

そして、**中也の目に映った大衆は「鰯」のように世俗的で、誰も自分の詩を理解することもない。**

「ゆあーん　ゆよーん　ゆやゆよん」

これは中也の心の叫びである。

### †小屋の内と外

屋外《やがい》は真ッ闇《くら》　闇《くら》の闇《くら》
夜は劫々《こうこう》と更けまする
落下傘《らくかがさ》奴《め》のノスタルヂアと
ゆあーん　ゆよーん　ゆやゆよん

最終連では、一転、詩人の視点はサーカス小屋の中から、外へと移っていく。

外は真っ暗な闇夜で、「劫々」とはそれが永遠に続くように思えること。この闇夜は軍国主義の世であり、中也を理解しようとしない世間でもある。

「落下傘」はパラシュートのことで、戦争の象徴でもあり、サーカス小屋の形でもある。それらはすべて小屋の外の闇の中でのことであり、サーカス小屋の中で手に汗を握るショーが行われているのに、すべてが相対化されている。

最後に、再び「ゆあーん　ゆよーん　ゆやゆよん」とリフレインが続く。このリフレインが最後の行にあるということは、中也の心の叫びがこの先もいつまでも続いていくことを暗示している。

果てしないリフレインである。

### †講義のまとめ

短い詩であるが、その中で中也は様々な技巧を凝らしている。それだけに、私たちはこの詩から様々なイメージや心象風景を受け取ることができる。

それが評論などの散文との違いであり、国語の教科書は答のないところで、物事を深く考えることの大切さを、思春期の高校生にしっかりと伝えているのである。

「ゆあーん　ゆよーん　ゆやゆよん」という擬音語がこの詩のテーマであるが、「頭倒さに手を垂れて」必死の演技をする曲芸師を中也に見立てることによって、自分の文学世界が外の世界と隔絶され、しかも、鰯のような観客にはそれを理解することができないという、中也自身の悲痛な叫びを、私たちはしっかりと聞き取らなければならない。

第三講

# 葉山嘉樹「セメント樽の中の手紙」
## ――正しい時代背景の知識をもとにして読解する

葉山嘉樹（はやま・よしき）一八九四～一九四五
小説家。早稲田大学中退後、船員、セメント工場など職を転々としながら、労働運動に参加。主な作品に「淫売婦」「海に生くる人々」「濁流」などがあり、プロレタリア文学の代表的な作家である。本作「セメント樽の中の手紙」は、一九二六年に『文芸戦線』に発表されたもので、角川文庫などに収録されている。

「目標」
① 客観的な読解力の総仕上げ。
② 作品が書かれた時代背景を理解する。

三学期の最後の作品は、プロレタリア文学の代表的な作家である、葉山嘉樹のものである。「セメント樽《だる》の中の手紙」は昭和元年発表、そこから考えると、作品の背景となった時代は大正末と考えていい。

## †近代的自我の行く末

封建的価値規範は、集団と個人の一体化だった。集団から個人を引きはがしたのが自我の確立だと、すでに説明した。

最初に近代人となったのが、明治二三年発表の「舞姫」の主人公、太田豊太郎。だが、この物語は近代人になろうとした人間を時代が押しつぶしていくという一面も持っていた。鷗外自身もその後、軍部から文学活動の自粛を命じられる。まだ時代は封建的だったのだ。

次の展開は、雑誌『文學界』を中心とした浪漫主義運動である。自由民権運動に失敗した北村透谷《きたむらとうこく》は、『文學界』に「内部生命論」を発表、一世を風靡したが、二五歳の若さで自殺した。そう簡単には時代は動かなかったのである（だが、与謝野晶子《よさのあきこ》は『明星』を舞台に、女性の自我の解放を高らかに歌い上げた）。

日本に自我が定着し始めたのは、明治末から起こった**自然主義運動**辺りである。だが、その自我はしだいにエゴへとすり替わっていった。島崎藤村《しまざきとうそん》の「新生《しんせい》」をはじめとする一連の告白小説がそれを物語っている。

明治末から大正期は、日本の作家たちの個性が一斉に花開いた時代であった。田山花袋《たやまかたい》、島崎藤村、芥川龍之介、谷崎潤一郎《たにざきじゅんいちろう》、永井荷風《ながいかふう》、武者小路実篤《むしゃのこうじさねあつ》、志賀直哉《しがなおや》、有島武郎《ありしまたけお》たちである。そして、夏目漱石と、森鷗外の復活、まさに百花繚乱の様相を呈していた。

だが、大正期は一五年弱、一瞬の繁栄であった大正末期から、昭和初期にかけて、しだいに戦争の影が忍び寄ってくる。

### †マルクス主義の台頭

大正三（一九一四）年から大正七（一九一八）年にかけて、第一次世界大戦が勃発した。世界中が戦争に巻き込まれたのだが、日本は幸い直接戦争に加わることはなかった。

戦争となると、武器、弾薬だけでなく、戦艦や戦車を製造するための鉄鋼や、燃料となる石炭が不可欠だった。ところが、多くの先進国は戦争に参加しているのだから、鉄鋼や石炭を輸出することなどできない。

勢い、日本に頼ることになる。

日本は大陸に進出し、安価な労働力と資源を確保することができた。そこで、植民地政策を拡大すると共に、次々と工場を建設し、労働者を囲い込んだ。

その結果、日本は重工業を中心に産業が興り、空前の大景気となったのだ。**大正デモクラシー**がさかんになり、様々な文化が一斉に開花する。

ところが、この繁栄は一瞬のものだった。

戦争が終結し、世界各国で平和条約が結ばれると、もはや工場を建設し、大量に物を生産しても、武器や弾薬は売れなくなった。

そこで、資本家は工場を閉鎖し、製造を縮小する。巷には失業者が溢れかえることになる。当然賃金は低下し、労働者は働いても食べることが出来ず、娘の身売りなどが横行する。

すでに資本を貯め込んだ大企業は中小企業を合併し、大地主は百姓の土地を買収して、巨大地主へと成長した。こうやって、財閥が誕生し、やがて軍部と結託して、大陸へと進出していったのである。

こうした状況の中で、**マルクス主義**が学生や知識人の間で急速に広がっていく。労働者が一日中働いても食べる事さえままならないのは、労働者が働いて得た富を資本家が搾取しているからだ、革命を起こして労働者の世の中を作るべきだといった主張は、この時代においては非常に説得力があったのだ。

たとえば、太宰治《だざいおさむ》の一族はまさに新興土地成金であり、多くの農民から搾取して財をなした。それゆえ、太宰は苦悩して、一時非合法である共産党活動に奔走した。

### †プロレタリア文学

マルクス主義のもとに生まれたのが、**プロレタリア文学運動**である。大正期には、白樺《しらかば》派《は》や新思潮派《しんしちょうは》、耽美派《たんびは》など、様々な文学運動が起こったが、これらはすべて衣食住足りたブルジョアの文学である。

なぜ、貧困に苦しむ労働者の文学がないのかという主張は、非常に説得力のあるものだった。

葉山嘉樹は、小林多喜二《こばやしたきじ》、徳永直《とくながすなお》などとともに、プロレタリア文学運動の中心となった。そういった時代背景を理解しないと、「セメント樽の中の手紙」を鑑賞することは困難である。

## †過酷な労働環境

この作品は、手紙を中心に、その前と、手紙を読んだ後の、三つの段落に分けることができる。

まず手紙を読む前である。

松戸与三《よぞう》はセメントあけをやっていた。他の部分は大して目立たなかったけれど、頭の毛と、鼻の下は、セメントで灰色に覆われていた。彼は鼻の穴に指を突っ込んで、鉄筋コンクリートのように、鼻毛をしゃちこばらせている、コンクリートを取りたかったのだが、一分間に十才ずつ吐き出す、コンクリートミキサーに、間に合わせるためには、とても指を鼻の穴にもっていく間はなかった。

彼は鼻の穴を気にしながらとうとう十一時間――その間に昼飯と三時休みと二度だけ休みがあったんだが、昼の時は腹のすいているために、も一つはミキサーを掃除していて暇がなかったため、とうとう鼻にまで手が届かなかった――の間、鼻を掃除しなかった。彼の鼻は石膏《せっこう》細工の鼻のように硬化したようだった。

彼がしまい時分に、ヘトヘトになった手で移したセメントの樽から、小さな木の箱が出た。

「何だろう?」と彼はちょっと不審に思ったが、そんなものに構ってはいられなかった。彼はシャベルで、セメン桝《ます》にセメントを量り込んだ。そして桝から舟へセメントをあけるとまたすぐこの樽をあけにかかった。

「だが待てよ。セメント樽から箱が出るって法はねえぞ。」

彼は小箱を拾って、腹掛けの丼《どんぶり》の中へほうり込んだ。箱は軽かった。

「軽いところを見ると、金も入っていねえようだな。」

彼は、考える間もなく次の樽をあけ、次の桝を量らねばならなかった。

ミキサーはやがて空回りを始めた。コンクリがすんで、終業時間になった。

彼は、ミキサーに引いてあるゴムホースの水で、ひとまず顔や手を洗った。そして弁当箱を首に巻きつけて、一杯飲んで食うことを専門に考えながら、彼の長屋へ帰っていった。発電所は八分どおり出来上がっていた。夕闇に聳《そび》える恵那山《えなさん》は真っ白に雪を被《かぶ》っていた。汗ばんだ体は、急に凍えるように冷たさを感じ始めた。彼の通る足下《あしもと》では木曽川の水が白く泡を嚙《か》んで、吠《ほ》えていた。

「チェッ！　やり切れねえなあ、かかあはまた腹を膨らかしやがったし、……。」彼はウヨウヨしてる子供のことや、またこの寒さを目がけて産まれる子供のことや、めちゃくちゃに産むかかあのことを考えると、まったくがっかりしてしまった。

「一円九十銭の日当の中から、日に、五十銭の米を二升食われて、九十銭で着たり、住んだり、べらぼうめ！　どうして飲めるんだい！」

が、フト彼は丼の中にある小箱のことを思い出した。彼は箱についてるセメントを、ズボンの尻でこすった。

箱にはなんにも書いてなかった。そのくせ、頑丈に釘《くぎ》づけしてあった。

「思わせぶりしやがらあ、釘づけなんぞにしやがって。」

彼は石の上へ箱をぶっつけた。が、壊れなかったので、この世の中でも踏みつぶす気になって、やけに踏みつけた。

彼が拾った小箱の中からは、ボロに包んだ紙切れが出た。
それにはこう書いてあった。

---

主人公はセメント工場で働く松戸与三である。

**ここで描かれているのは、当時の労働者の過酷なありさまである。**

一日一一時間労働、休みもほとんど与えられない。しかも、ベルトコンベアーで運ばれてくるセメントを移すだけの単純労働で、気を許すとセメント枡は目の前を通り過ぎてしまう。

セメントが鼻の穴に入っても、それを取り出すだけの時間的余裕も与えられていないのだ。

仕事が終わって、ごはんを食べ、酒を飲むことだけが楽しみな人生なのである。

「一円九十銭の日当の中から、日に、五十銭の米を二升食われて、九十銭で着たり、住んだり、べらぼうめ！　どうして飲めるんだい！」

このセリフからも、唯一の楽しみである安酒をあおることさえままならない状況だと分かる。

そんな彼がセメント樽から一通の手紙を見つけ出したのである。

**†ある女工からの手紙**

――私はNセメント会社の、セメント袋を縫う女工です。私の恋人は破砕器《クラッシャー》へ石を入れることを仕事にしていました。そして十月の七日の朝、大きな石を入れる時に、その石と一緒に、クラッシャーの中へ嵌《は》まりました。

仲間の人たちは、助け出そうとしましたけれど、水の中へ溺れるように、石の下へ私の恋人は沈んでいきました。そして、石と恋人の体とは砕け合って、赤い細かい石になって、ベルトの上へ落ちました。ベルトは粉砕筒へ入っていきました。そこで鋼鉄の弾丸と一緒になって、細かく細かく、はげしい音に呪いの声を叫びながら、砕かれました。そうして焼かれて、立派にセメントになりました。

骨も、肉も、魂も、粉々になりました。私の恋人の一切はセメントになってしまいました。残ったものはこの仕事着のボロばかりです。私は恋人を入れる袋を縫っています。

私の恋人はセメントになりました。私はその次の日、この手紙を書いてこの樽の中へ、そうっとしまい込みました。

あなたは労働者ですか、あなたが労働者だったら、私をかわいそうだと思って、お返事ください。

この樽の中のセメントは何に使われましたでしょうか、私はそれが知りとうございます。

私の恋人は幾樽のセメントになったでしょうか、そしてどんなに方々へ使われるのでしょうか。あなたは左官屋さんですか、それとも建築屋さんですか。

私は私の恋人が、劇場の廊下になったり、大きな邸宅の塀になったりするのを見るに忍びません。ですけれど、それをどうして私に止めることができましょう！　あなたが、もし労働者だったら、このセメントを、そんな所に使わないでください。

いいえ、ようございます、どんな所にでも使ってください。私の恋人は、どんな所に埋められても、その所々によってきっといいことをします。構いませんわ、あの人は気性のしっかりした人でしたから、きっとそれ相当な働きをしますわ。

あの人は優しい、いい人でしたわ。そしてしっかりした男らしい人でしたわ。まだ若うございました。二十六になったばかりでした。あの人はどんなに私をかわいがってくれたかしれませんでした。それだのに、私はあの人に経帷子《きょうかたびら》を着せる代わりに、セメント袋を着せているのですわ！　あの人は棺《ひつぎ》に入らないで回転窯の中へ入ってしまいましたわ。

私はどうして、あの人を送って行きましょう。あの人は西へも東へも、遠くにも近くにも葬られているのですもの。

あなたが、もし労働者だったら、私にお返事をくださいね。その代わり、私の恋人の着ていた仕事着の切れを、あなたに上げます。この手紙を包んであるのがそうなのですよ。この切れには石の粉と、あの人の汗とが染み込んでいるのですよ。あの人が、この切れの仕事着で、どんなに固く私を抱いてくれたことでしょう。

お願いですからね、このセメントを使った月日と、それから詳しい所書きと、どんな場所へ使ったかと、それにあなたのお名前も、御迷惑でなかったら、ぜひぜひお知らせくださいね。あなたも御用心なさいませ。さようなら。

セメント工場で働く女工からの手紙だった。

彼女はセメントを入れる袋を縫っている。

彼女の恋人はクラッシャーに石を入れる仕事をしていたが、そのまま機械に巻き込まれて、石と一緒にクラッシャーに押しつぶされ、粉々にされて、セメントになってしまったのである。

彼女はセメントとなった恋人を入れる袋を縫っている。

葉山嘉樹の作品は思想を前面に押し出すよりも、過酷な労働を強いられる労働者に寄り添う形で表現していて、文学性が高いものが多い。

だが、「あなたは労働者ですか、あなたが労働者だったら、私をかわいそうだと思って、お返事ください」「あなたが、もし労働者だったら、私にお返事をくださいね」と、繰り返し労働者に対する呼びかけがあることから、やはりプロレタリア文学運動の作品であることに変わりはない。

そして、最後に「あなたも御用心なさいませ。さようなら」と結んでいる。

この手紙を読んだ、松戸与三はいったいどのような気持ちになるのか？

**彼だって、過労のあまりベルトコンベアーに巻き込まれ、そのうちセメントとなってしまう可能性だってないわけではないのだ。**

## †手紙を読んだ後に

松戸与三は、湧きかえるような、子供たちの騒ぎを身の回りに覚えた。

彼は手紙の終わりにある住所と名前とを見ながら、茶碗《ちゃわん》に注《つ》いであった酒をぐっと一息に呷《あお》った。

「へべれけに酔っぱらいてえなあ。そうして何もかもぶち壊してみてえなあ。」とどなった。

「へべれけになって暴れられてたまるもんですか、子供たちをどうします。」

細君がそう言った。

彼は、細君の大きな腹の中に七人目の子供を見た。

松戸与三が手紙を読み終わると、そこには動かない現実が待っていた。細君のお腹には七人目の子供がいる。とても与三の収入では、やっていけそうにない。どんなに働いても生活が楽になる可能性はなく、与三は安酒をあおるしかないのだ。「へべれけに酔っぱらいてえなあ。そうして何もかもぶち壊してみてえなあ」

という与三のセリフに、労働者の思いが集約されている。

だが、「へべれけになって暴れられてたまるもんですか、子供たちをどうします」という細君のセリフから、どうにもできない現実が与三の目の前に突きつけられることになるのだ。

## †講義のまとめ

この時代の労働者の過酷な状況は、今の高校生だけでなく、現代社会を生きるビジネスマンにとっても、実感することができないであろう。だが、現実にこのような世界が過去にあったのであり、生きている人間がそこで喘いでいたことを想像することも必要なのである。

歴史は事実や因果関係を教えてくれるが、そこで生きた人間の真実を伝えてくれることはない。**文学こそが、様々な時代状況の中で、人間の心の声を伝えてくれるのである。それを現代の価値観や自分の生活感覚から再解釈するのではなく、作者の息づかいに従って、客観的に読解していく。**そこから、作者や登場人物との対話が始まるのである。

そういった客観的な読解力を獲得するのも、国語教科書の狙いの一つである。

# おわりに

高校の国語教科書ほど面白いものはない。まさに名作の宝庫であることが、分かっていただけたと思う。それと同時に、その深い内容を高校生が理解することが至難の業だということも。

高校国語教科書は大人がやり直してこそ、真に役に立つものとなるのである。それなのにほったらかしにしておくのは何ともったいないことか。

私たちはどんなに大きな仕事を成し遂げようとしていても、日々のささやかな営みの繰り返しから自由になることはできない。誰もが文章を読み、考え、話し、書くといったささやかな営みの繰り返しの中で、成長し、教養を身につけ、コミュニケーションをし、その結果として大きな仕事を成し遂げることができるのである。

そして、その中核に国語力があるのだ。

現代はグローバル化時代と言われているが、実際に海外で暮らす日本人など例外的である。大抵の人は日本の中で、英語ができなくても特に不自由を感じることなく生活している。だが、一人一人のパソコンの中に世界中の膨大な情報が流れ込む。それらを整理し、活用するのは論理力と、その土台となる国語力なのだ。

あるいは、これからの時代は多くの優秀な外国人が日本国内で働くようになる。当然彼らは日本語を話せるわけで、民族も宗教も感性も異なる彼らと良好な関係を築くのも、他者意識を前提とした論理力であり、国語力でもある。

私たちは生涯にわたって日本語で話し、読み、考え、書くという行為を繰り返すわけだから、そうした国語力こそ、これからの時代にますます重要になっていく。

それなのに、私たちはなまじ日本語が話せるからといって、自らの国語力を磨かないままでいいのだろうか。

今、もう一度高校の国語教科書を手に取ったあなたは、過酷な人生を切り離す最強の武器を手にしたのだ。

二〇一四年一一月

出口　汪

ちくま新書
1105

# やりなおし高校国語《こうこうこくご》
――教科書《きょうかしょ》で論理力《ろんりりょく》・読解力《どっかいりょく》を鍛《きた》える

二〇一五年一月一〇日　第一刷発行
二〇一五年二月一五日　第三刷発行

著　者　出口汪（でぐち・ひろし）

発行者　熊沢敏之
発行所　株式会社　筑摩書房
東京都台東区蔵前二-五-三　郵便番号一一一-八七五五
振替〇〇一六〇-八-四一二三
装幀者　間村俊一
印刷・製本　三松堂印刷　株式会社



乱丁・落丁本の場合は、左記宛にご送付下さい。
送料小社負担でお取り替えいたします。
ご注文・お問い合わせも左記へお願いいたします。
〒三三一-八五〇七　さいたま市北区櫛引町二-六〇四
筑摩書房サービスセンター　電話〇四八-六五一-〇〇五三



ISBN978-4-480-06810-1 C0295

# ちくま新書

994 やりなおし高校世界史――考えるための入試問題8問 津野田興一
世界史は暗記科目なんかじゃない！　大学入試を手掛かりに、自分の頭で歴史を読み解けば、現在とのつながりが見えてくる。高校時代、世界史が苦手だった人、必読。

253 教養としての大学受験国語 石原千秋
日本語なのにお手上げの評論読解問題。その論述の方法を、実例に即し徹底解剖。アテモノを脱却し上級の教養をめざす、受験生と社会人のための思考の遠近法指南。

371 大学受験のための小説講義 石原千秋
「大学入試センター試験」に必ず出る小説問題。これを解くには学校では教えてくれない技術が必要だ！　国公立二次試験にもバッチリ使える教養としての小説入門。

110 「考える」ための小論文 西研　森下育彦
論文を書くことは自分の考えを吟味するところから始まる。大学入試小論文を通して、応用のきく文章作法を学び、考える技術を身につけるための哲学的実用書。

889 大学生からの文章表現――無難で退屈な日本語から卒業する 黒田龍之助
読ませる文章を書きたい。だけど、学校では子供じみた作文と決まりきった小論文の書き方しか教えてくれなかった。そんな不満に応えるための新感覚の文章読本！

542 高校生のための評論文キーワード100 中山元
言説とは？　イデオロギーとは？　テクストとは？　辞書を引いてもわからない語を、思想的背景や頻出する文脈から解説。評論文を読む〈視点〉が養えるキーワード集。

599 高校生のための古文キーワード100 鈴木日出男
暗記はやめる！　源氏物語注釈・枕草子注釈、古語辞典編著を経て、国文学界の第一人者が書き下ろす、読んで身につく古文単語。コラム〈読解の知恵〉も必読。